나침반은
흔들리며
방향을
잡아나간다

나침반은
흔들리며
방향을
잡아나간다

김범준(진로교육자, 변화성장연구소 소장) 지음

마인드큐브

인생의 갈림길에서 '나만의 나침반'을 제시하는 책
– 안지혜(스텐드랩 청년연구소 대표)

'진로'라는 말만 들어도 마음이 복잡해지는 사람들이 많습니다. 저 역시 그랬습니다. 앞으로 뭘 하며 살아야 할까, 지금 이 길이 맞는 걸까, 혹은 이 일을 계속해도 괜찮을까. 그런 고민은 특정한 시기에만 찾아오는 것이 아니라, 나이와 상황을 가리지 않고 불쑥불쑥 문을 두드립니다. 그래서 이 책의 제목처럼 '흔들리며 방향을 잡아나가는' 일이야말로, 진로를 대하는 가장 정직하고 본질적인 태도 아닐까 싶습니다. 이 책은 그런 흔들리는 시간을 지나고 있는 우리에게, 흔들려도 괜찮다고 다정하게 말을 건넵니다. 오히려 그 흔들림 속에서야말로 진짜 나를 만나고, 방향을 잡아갈 수 있다고요.

저는 이 책의 가장 큰 힘이 '사람을 향한 따뜻한 시선'에 있다고 생각합니다. 저자는 오랜 시간 청소년과 청년, 그리고 진로에 고민이 깊은 수많은 사람들과 함께 호흡하며, 그들의 이야기에 귀 기울여 왔습니다. 그 속에서 쌓인 실질적인 통찰,

그리고 사람에 대한 애틋한 애정이 이 책 전반에 고스란히 녹아 있습니다. 제가 아는 진로코치 중 가장 현장을 사랑하고, 사람을 진심으로 아끼는 저자답게 이 책은 이론적 조언이 아니라 다정하면서도 현실적이고, 본질적인 생각거리들을 우리에게 조심스럽게 건넵니다. 마치 옆자리에 앉아 조용히 함께 고민해주는 사람처럼요.

이 책은 책장을 덮고 나서도 계속 곁에 두고 싶은 책입니다. 저는 이 책이 단발성으로 읽고 끝낼 책이 아니라, 인생의 갈림길 앞에서, 또는 정체된 일상 속에서 진로고민이 다시 떠오를 때마다 꺼내 보게 될 '나만의 나침반' 같은 책이 될 거라 생각했습니다. 앞이 보이지 않아 막막할 때, 내 마음이 크게 흔들릴 때, 그럴 때마다 이 책을 펼치면 조금은 더 안심하고 내 자신과 꼭 필요한 대화를 나눌 수 있을 것 같았습니다. "지금의 고민도, 멈춰 있는 이 시간도 괜찮다"고 말해주는 이 책이 많은 사람들에게 오래오래 곁에 머물며 위로와 용기가 되어주기를 바랍니다.

Contents

추천의 글 1 인생의 갈림길에서 '나만의 나침반'을 제시하는 책   004

프롤로그 제 진로는 진로고민입니다   010

시작 전, 어디로 가야 하죠?

1. 어디로 가야 하죠?   017

시작 하나, 자기이해: 나에게로의 여정

1. 자기이해 없이 일을 시작한다면?   025
2. 이렇게 살기도 싫고, 이렇게 죽기도 싫은   028
3. 관심과 흥미: 좋아하는 일, 재미있는 일   032
4. 좋아서 하는 사람들   037
5. 가치: 의미 있는 일   042
6. 나는 어떤 가치를 추구하는 사람인가?   046

7. 강점: 잘하고 싶은 일, 잘하는 일	050
8. 강점: 지속적으로 할 수 있는 일	053
9. 나는 무엇을 잘하는가?	056
10. 재미, 의미, 강점의 합집합	062
11. 역사: 과거를 통해 들여다보다	067
12. 미래: 아직 오지 않은 아름다운 장면들	072
13. 죽음: 메멘토 모리	077
14. 미리 써보는 부고문	082
15. 도구 활용: 질문카드	087
16. 주변인물: 사람과 사람	092
17. 나를 한 단어, 한 문장으로 소개한다면?	098

시작 둘, 자기돌봄: 나를 위한 다정함

1. 정서적 건강이 먼저다	105
2. 두려움과 불안을 마주하기	113
3. 번아웃 코치가 번아웃 증상에 걸리다	117
4. 무선충전소	124
5. 몸과 마음의 건강은 연결되어 있다	129
6. 러닝에서 발견한 것들	134
7. 나를 지키는 힘: 모닝페이지	137
8. 나를 챙기는 간단하고도 손쉬운 일	140
9. 말의 힘	144

10. 제자리걸음만 하는 것 같다면	149
11. 가장 넓은 길과 진정한 여행	153
12. 다시 괴로운 시간이 찾아오더라도	158
13. 어두움을 품은 밝음	164
14. 겁쟁이에서 심리적 어른으로	168

시작 셋, 자기모험: 세상으로의 탐험

1. 좋아하고 잘하는 일을 몰라서 걱정이에요	175
2. ○○ 하기 너무 늦은 거 아닌가?	179
3. 내가 원하는 변화는 무엇인가?	184
4. 자기모험: 나와 세상의 연결점	188
5. 변화를 위한 시도	193
6. 모험은 또 다른 모험을 부른다	197
7. 의심은 믿음으로 향할 수 있는 질문을 준다	203
8. 나침반은 흔들리며 방향을 잡아나간다	206
9. 질문과 해답, 그리고 실행	209
10. 성장이란 실패와 함께 삶을 익혀가는 것	213
11. 두려움과 불안 수용하기	217
12. 일상에서의 모험: 발표 겁쟁이, 이야기 국가대표를 향해서	223
13. 습관과 리추얼: 나를 지키는 힘	227
14. 아침에 일어나 하고 싶은 일을 한다는 것	232
15. 모험을 더 이상 하지 못할 것 같을 때	237

16. 길을 잃어버린 사람들에게　　　　　　　　　　　240

17. 우리 삶이 100페이지로 이루어진 책이라면　　　244

18. 그냥 하는 사람들: 진로를 만들어가는 사람들　　247

19. 뭐해 먹고살지?　　　　　　　　　　　　　　　251

20. 밥과 존재를 통합해나가는 과정　　　　　　　　259

21. 배워서 나 주고, 남 주기　　　　　　　　　　　263

22. 여정이 그 보상이다　　　　　　　　　　　　　269

23. 아픔과 슬픔, 고통에도 불구하고　　　　　　　　272

24. 끝은 시작이다: 시작은 창대하지만, 끝이 미약하다면　276

에필로그 내가 가는 곳이 길이다　　　　　　　　　279

추천의 글 2 나다운 삶을 모색할 때 읽어야 할 책　　282

추천의 글 3 청소년·청년들의 긍정적이고
　　　　　　　도전적인 삶을 제시하는 책　　　　　283

추천의 글 4 방향을 잃은 청춘들의 정직하고도 다정한 진로안내서　285

프롤로그

제 진로는 진로고민입니다

예전에 전직지원 전문가 과정을 들었던 적이 있다. 사람들의 직업 전환을 돕는 전문가를 양성하는 프로그램이다 보니 동기들은 보통 40~50대였다. 60대인 분들도 몇 명 있었다. 이 과정을 들으면서 간혹 청소년 진로교육 강사로 일을 하고 있었는데, 이때 10대와 성인들의 공통 고민키워드를 발견했다. 바로 '진로고민'이었다.

한 회사에서 20년, 30년을 다닌 분들은 새로운 시작을 앞두고 무슨 일을 할지, 어떻게 살아야 할지 심각한 고민을 하고 계셨다. 마치 하얀 캔버스에 이때까지 완성해 놓은 그림을 토대로 계속 그려갈지, 새로 하얀 캔버스를 꺼내서 전혀 다른 그림을 그려야 할지 목하 고민 중이었다. 또한 학생들은 아직 완성해 놓은 그림은 없지만, 스케치를 해나가면서 하얀 캔버스에 어떤 작품을 그려갈지 고민했다.

훗날 청년들을 대상으로 진로코칭 일을 하면서도 2030청년들 역시도 비슷한 고민을 했다. 앞으로 어떻게 살아야 할지, 어떤 일을 해야 할지, 혹은 이 일을 계속해야 하는 건지, 나는 누구인지 등 각자의 진로고민 하나씩은 떠안고 있었다.

진로고민은 나이를 떠나서 누구나 하는 것이었다. 10대이든 2030대이든, 중장년층이든, 실버계층이든 지금 내가 서 있는 곳에서 어디로 나아가야 할지 고민하는 분들이 많았다. 자연스러운 고민이고 스스로에게 중요한 질문이다. 나 역시도 그랬고, 여전히 지금도 진로고민 중이다. 더 정확히 말하면 진로고민을 10년 동안 하다 보니, 진로고민이 내 진로가 되었다. 사람들 스스로가 자기다운 진로를 찾을 수 있고, 그 진로를 향해서 나아갈 수 있도록 옆에서 함께 고민하고, 돕는 게 현재 내가 하고 있는 일이다.

청년 진로코칭 일을 할 때 한 참가자가 5회차 워크숍이 끝나고 일대일 코칭 시간에 이런 이야기를 했었다.
"나답게 일하고 싶어요. 그러려면 나를 더 잘 알아야 할 거 같은데, 어떻게 나를 보다 더 잘 알 수 있을까요? 그리고 이 앎을 통해서 내 삶에서 무언가를 어떻게 해나갈 수 있을까요?"

이 책은 이 물음에 대한 긴 대답이다. 나다운 진로를 위해서 자기 자신을 어떻게 알아나가야 하는지, 어떻게 삶에서 자기다운 진로를 만들어 나가는지에 대한 정리다. 진로강사와 진로코치를 하면서 알게 된 '스스로의 진로를 찾고 만들어 나가는 법'에 대해 이 책에서 이야기해 보고자 한다.

나다움, 자기다움을 품고 일을 하는 사람은 어떤 어려움이 있더라도, 자신의 아름다움을 잃지 않는다고 믿는다. 보다 더 행복한 삶을, 충만한 삶을 살 수 있다. 그 길을 향한 여정을 함께 떠나보자.

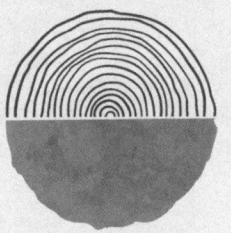

"나는 지금 어디로 가야 하나?"

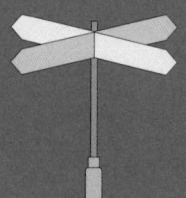

시작 전,
어디로 가야 하죠?

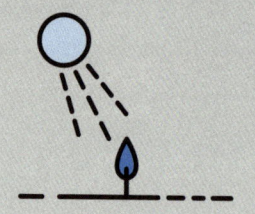

1.
어디로 가야 하죠?

"어디로 가야 하죠 아저씨."
- 김연우의 〈이별택시〉 중에서

내가 어디로 가야 할지 모를 때가 있다. 우리는 삶을 살아가며 갈림길에서 고민을 한다. 길이 없는 것처럼 보이기도 한다. 어두운 터널의 막다른 끝에 몰려 있는 느낌이 들거나 내가 선택한 안전한 동굴에서 세상에 나가기 두려워하는 중일 수도 있다. 나의 길을 찾는 것은 쉽지 않다. 사실 내가 걸어가야 할 길을 모색할 때 중요한 것이 바로 '나를 아는 것'이다. 자기이해, 자기관찰, 자기발견, 자기탐색, 자기분석, 자기성찰 등의 단어는 괜히 존재하는 게 아닐 것이다.

나를 아는 방법은 여러 가지가 있다. 관심과 호기심을 통해서 내가 좋아하고 재미있어 하는 일을 들여다볼 수도 있고, 잘하는 일, 잘하고 싶은 일을 통해서도 나를 알 수 있다. 또 내게 의미 있는 일도 자기를 발견하는 데 도움이 된다. 나의 역사와 꿈을 통해서도 자기 자신을 이해하게 된다.

자기 자신을 잘 알기 위해서는 나와 세상과의 연결점을 찾아야 한다. 이 과정이 중요하다. 취미의 영역이 아니라 일의 영역이 되려면 그 지점을 만들어 나가야 한다. 고되고 어려운 일이다. 막막하고 답답한 시기가 펼쳐진다. 세상이 필요한 일을 찾아내는 것, 돈이 되는 일을 찾는 것은 생각으로만 이루어지지 않는다. 스스로 주도적으로 실행을 하면서 만들어 가야 한다. 아주 작은 시도를 통해서 작은 성취와 성공을 만들고, 그 자신감으로 조금씩 더 해나가는 과정 속에서 우리는 자기의 길을 만들어 나갈 수 있다.

자기를 아는 것은 나와 세상과의 연결점을 찾아나가는 과정
―

이는 모험과도 같다. 세계적인 신화학자 조셉 캠벨이 말한 '영웅의 여정'처럼 내가 가진 무기를 발견하게 되고, 이를 가지고 보물을 찾아 미지의 세계로 탐험을 떠난다. 이 여정에서

들어가기 두려워하는 동굴 속으로 발을 딛게 된다. 이 미지의 여정을 떠나면 마주하기 싫은 괴물을 마주친다. 괴물은 우리에게 두려움과 불안을 선사한다. 어려움과 위기를 겪을 수밖에 없다. 그리고 아이러니하게도 그 고난과 시련을 통해서 우리는 성장해 나갈 수 있다.

자기를 아는 것, 모험을 떠나는 것은 나와 세상과의 연결점을 찾아나가는 과정이다. 자기를 아는 것이 모험일 때도 있고, 모험 중에서 나를 알 수도 있다. 둘은 단절되어 있지 않다. 이어져 있으며 상호보완적이다. 자기를 안다고만 해서 진로를 잘 찾을 수 있는 것도 아니고, 모험을 떠난다고만 해서 자기 길을 잘 찾을 수 있는 것도 아니다.

2016년 전직지원 전문가 과정을 듣고 나서부터 본격적으로 진로교육자의 길을 걸어 나갔다. 400시간 이상의 교육도 듣고, 직업상담사 자격도 취득했지만 진로에 대한 정답은 책 속에 있지 않았다. 진로에 대한 정답은 책이 아니라 각자의 마음속에 있었다. 각자가 걷고 있는 삶 속에 있었다. 전 세계 인구가 80억 명이니, 80억 개의 길이 있는 것과 마찬가지다.

그래서 사람들을 많이 만났다. 2017년부터 청소년 진로교육을 시작으로, 청년들을 대상으로 하는 진로코칭까지 10대에서 30대의 분들을 다양하게 만났다. 나이를 불문하고 누구에게나 진로고민이 있었다. '앞으로 어떻게 살아갈 것인가', '나는 무엇으로 먹고살 것인가', '좋아하는 일, 잘하는 일을 어떻게 찾을 수 있는가', '나다운, 자기다운 진로는 어떻게 만들 수 있는가' 등 각자에게 주어진 질문은 달랐지만 공통점은 그들 모두 '성장'하고 싶어 했다. '변화'하고 싶어 했다.

어디로 가야 하는지는 타인에게 물어볼 게 아니라, 스스로에게 여러 질문을 던져보아야 한다. 내가 좋아하는 것은 무엇인지, 잘하는 것은 어떠한 것인지, 의미 있는 것은 무엇인지, 내가 할 수 있는 일, 하고 싶은 일 중 세상이 필요로 하는 일은 무엇인지 등 질문은 다양하다. 사람마다 필요한 질문도 다를 수 있다. 그리고 자기모험을 스스로 용기를 내어 해나가야만 한다. 이것이 내가 아는 진로를 찾는 방법이자, 진로를 만들어 나가는 길이다.

이 책은 '진로교육자', '변화성장전문가'라는 길을 걸어가고 있지만 여전히 진로를 고민하고 있는 나에게 던지는 질문이자, 나만의 해답을 찾고 내적으로 더 단단히 다지기 위한 과정이다. '진로'에 대해 더 알기 위해서, 배우기 위해서 글을 쓰기로 했다. 나를 위한 글이기도 하지만 여전히 자기모험을 떠나고 있지 못하고 자신만의 안전지대에 머무르고 있는 이들을 위한 글이기도 하다. 그리고 자기모험을 떠난 이들도 이 글을 읽고, 자신이 잘 나아가고 있다는 믿음과 힘을 얻었으면 좋겠다. 글을 다 읽었을 때는 각자의 모험을 자기답게 실행할 수 있었으면 한다. 자 그러면 모험 준비를 시작해 보자.

"나는 나를 얼마나 알고 있을까?"

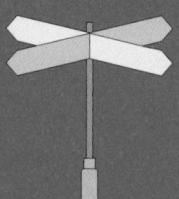

시작
하나,
자기이해: 나에게로의 여정

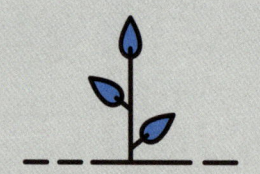

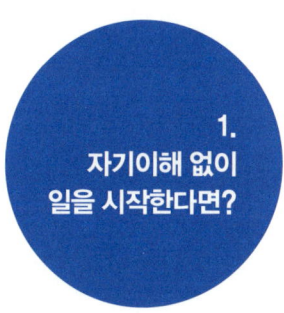

버킷리스트 예시로
"책 써서, 교보문고 베스트셀러, 스테디셀로 되기"를 들었는데
"쌤은 하실 거 같아요"라고 따뜻하게 말해주는 아이들.
끝나고 "쌤, 악수해요"라며 헤어지는 아쉬움을 표시해주는 천사들.
큰 힘 얻어간다. 고마워 애들아.
- 2017년 어느 날, 청소년 진로교육을 마치고

고등학교를 다닐 땐 좋은 대학을 가고 싶어서 공부(내신, 수능시험 등)를 열심히 하고, 대학을 다닐 때에는 취업을 잘하기 위해 스펙을 열심히 쌓아서 좋은 회사를 가기 위해 노력을 한다.

내가 고등학교를 다닐 때에도 그랬고, 청소년 진로교육을 할 때 만났던 지금의 많은 10대들도 그랬다. 10년 이상 훌쩍 지나갔지만 크게 달라지지는 않았다. 국영수를 열심히 하는 만큼 스스로에 대해 이해하고 자기에 대한 공부를 할 시간은 그다지 없었다.

마치 경마장의 경주마처럼, 일직선을 달려야 하는 레이싱

시작 하나, 자기이해: 나에게로의 여정

카처럼 모두가 속도만 내려고 하고 있었다. 각자의 방향과 속도는 모른 채, 자신에게 물어보지 않은 채 사회가 요구하는, 타인이 욕망하는 것들을 욕망하는 안타까운 상황이 반복되고 있었다.

자기이해, '나'와 '세상'과의 연결점을 찾는 이야기
―

자기이해 없이 일을 시작한다면, 취업을 한다면, 이직을 한다면, 재취업을 한다면, 전직을 한다면 그 시간들은 너무나도 힘든 시간이 될 것이다.

100인 이상 기업 500개사 신입사원 채용 기업 중 1년이 안 돼 퇴사한 직원이 있는 회사가 81.7%라고 한다(신입사원 중 퇴사한 직원이 없는 19%의 회사가 어딘지 궁금해진다). 10명 중에 2, 3명은 퇴사한다는 통계는 몇 년 전부터 꾸준히 나오고 있다. 여러 가지 이유가 있겠지만 이 통계에서 빠지지 않는 이유는 직무가 적성에 안 맞다는 것이다. 나 역시 스타트업, 중소기업, 대기업 경험을 하면서 "내가 이런 일을 하려고 힘들게 준비해서 여기를 들어왔나" 하는 생각을 했던 적이 있다. 회사의 직무와 실제로 하는 일이 어떤 일인지에 대한 정보의 부재도 있었지만 무엇보다 스스로에 대한 이해가 현저히 없었다.

나침반으로 방향을 잡을 때 끝이 파르르 떨리면서 정북 방향을 가리키는 것처럼 우리 삶의 방향을 잡을 때도 파르르 떨리는 방황을 겪을 수밖에 없다. 그러니 회사에 들어갔다가 얼마 되지 않아 나오는 경험이 이상한 것은 아니다. 누구에게나 일어날 수 있다. 하지만 그 기회비용은 너무나도 크기에, 기왕이면 그 비용을 감소시키는 것이 좋다.

내가 하고자 하는 직무에 대한 이해, 일하고자 하는 산업과 회사에 대한 이해뿐만 아니라 가장 잘 이해하고 있어야 하는 건 자기 자신이다. 그렇다면 자기이해는 어떻게 할 수 있을까? 자기이해 없이 일을 시작했을 때, 또 회사를 그만두고 나서 나는 한동안 방에서 나올 수 없을 정도로 힘든 시간을 보냈다.

여러 가지 물음표들이 머릿속을 가득 채웠었던 그때 울고 싶었다. 겁쟁이였던 내가 '나'와 '세상'과의 연결점을 찾은 이야기를 천천히 해보고자 한다. 회사에 정착하지 못했던 나에서 타인의 진로고민을 코칭하는 진로교육자로 변화된 이야기의 시작은 어디서부터였을까. 그것은 거울 속 초라한 나의 모습을 보고 눈물을 흘렸던 날부터 시작되었다.

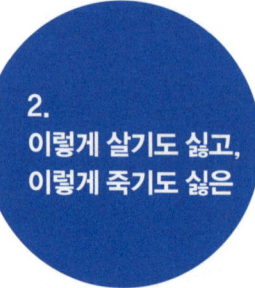

2.
이렇게 살기도 싫고, 이렇게 죽기도 싫은

"나는 상처를 통해 인간이 성장한다고 믿지 않는다.(중략)
나는 당신을 상처없이 지켜주고 싶다.
심지어 그대, 전혀 성장하지 못한대도 상관없다."
- 시인 이상, 금홍에게 보낸 편지 중에서

시작은 자각이었다. 이렇게 살기도 싫고, 이렇게 죽기도 싫었던 나의 눈빛을 거울 속에서 마주쳤을 때 나는 깨달았다.

"한 번도 내가 누구인지 제대로 생각해 보고, 고민해 본 적이 없구나. 나는 나를 알아야겠다."

서울 송파구의 한 원룸에서 몸과 마음이 점점 죽어가고 있던 내게 작은 에너지가 생겼다. 거울 속의 자신감이라고는 하나도 찾을 수 없는, 무표정한 나를 보니 눈물이 흘렀다. 이렇게 살기도 싫었고, 이렇게 죽기 싫었다. 변화하고 싶어졌다. 그리고 내가 누구인지에 대한 물음의 해답을 알고 싶었다.

학교생활과 약간의 회사생활이 전부였던 나는 사실 내가 누구인지 잘 몰랐다. SNS의 화려한 이들과 나의 초라함을 비교하다 보니, 사회와 타인의 욕망의 목소리에는 귀를 기울이면서도 정작 내 목소리는 전혀 들으려 하지 않아 점점 초라하고 힘들어하는 내가 있었다.

그 당시에는 그게 번아웃 증상인지도 몰랐다. 아무런 의지도 없었으며, 무기력함이 컸던 그때 나는 서른이었다. 두 달간 원룸은 세상으로부터 도망친 동굴이었다. 세상과 단절되었던 곳이었다. 지금 돌이켜보니 그곳은 세상과 다시 연결되기 위한 안식처였기도 했다. 그곳에서 나는 다시 일어났다.

'나는 누구인가?', '나 뭐 해 먹고살지?'라는 질문을 내게 던졌다. 이거다 하는 답이 잘 나오지 않았고. 답답했고, 울고 싶었다.

자각을 한다고 해서 변화가 쉽게 일어나는 것은 아니었다. 나와 세상과의 연결점을 찾는다는 것은 말처럼 쉬운 일이 아니었다. 그랬던 내가 지금은 진로고민이 있는 사람들의 변화와 성장을 돕는 일을 하고 있다. 어떻게 그런 변화가 일어났을까? 이것은 변화에 대한 이야기다.

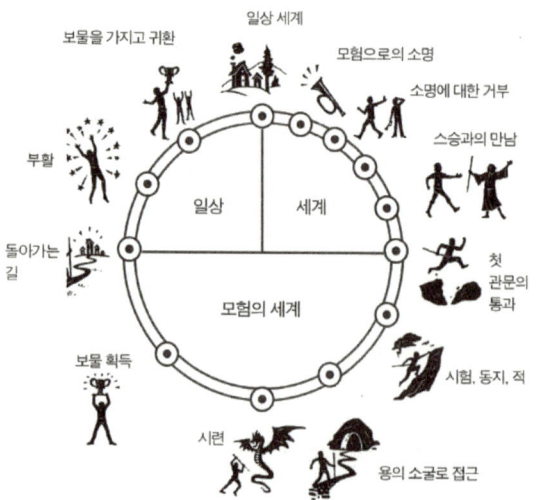

조셉 캠벨의 영웅의 여정

전직지원 전문가 과정을 통해 '나'와 '세상'과의 연결점을 찾다

신화학자 조셉 캠벨은 전 세계의 신화를 연구하며 공통의 서사 구조를 추출해 냈다. 그게 바로 영웅의 여정인데 신화 속에만 박제된 이야기가 아니라 한 사람의 인생에도 적용이 될 수 있는 이야기다. 두 달 동안 방구석에서 웹툰 중독으로 시간을 죽이고 있었던 나는 어느 날 자각하게 된다. 그리고 우연히 '전직지원 전문가 과정'을 발견한다. 직업 전환을 돕는 전문가를 양성하는 프로그램을 듣다 보면 나의 길을 발견할 수 있지 않을까 하는 단순한 생각으로 에라 모르겠다를 시전하며 지원했다.

운이 좋게도 서류를 통과하게 되고, 얼떨결에 본 면접을 합격하게 되어 첫 수업을 듣게 된다. 사람들과 대면하는 게 그렇게 떨릴 줄은 몰랐다. 그때만 해도 카카오톡 친구가 2000명이 넘을 정도로 많은 사람들을 만나왔고 익숙한 것이었는데 몇 달 만의 낯선 만남은 무척이나 떨렸다. 그렇게 내 모험은 시작되었다. 직업을 고민하는 성인들을 도와주는 전직지원 분야를 배우는 것과 더불어 반장이라는 역할을 해내야 하는 '자기모험'이었다.

겁쟁이가 '나'와 '세상'과의 연결점을 찾아가는 이야기의 첫 시작은 그랬다. 그것은 지금의 나에 대한 자기이해를 해나갈 수 있는 첫 발걸음이기도 했다. 그렇게 천천히 새로운 시도를 하며, 나에 대해서 알아나가는 여정이 시작됐다.

3.
관심과 흥미: 좋아하는 일, 재미있는 일

> 제가 평생 하고 싶은 업은, 제 업은, 제 꿈은
> 사람들에게 긍정적인 변화와 성장을 이끌어내는 교육전문가,
> 교육문화기획자, 교육문화사업가, 교육문화사상가, 교육자입니다.
> 저는 제 평생을 이 업과 연관된 일을 하면서 살아갈 것입니다.
> - 2014년 5월, 저자 SNS 글 중에서

나를 알아가는 첫 번째 힌트는 '관심과 흥미'다. 요즘 내가 관심을 가지고 있는 것들은 무엇인지, 마음을 끌리게 하는 게 어떤 것인지 살펴본다면 나를 한결 더 이해할 수 있다. 흥미도 없고, 관심도 없는 것을 계속해서 해나간다면 우리의 에너지는 급속도로 줄어들 수밖에 없다. 꾸준히 하기 힘든 걸 진로로 삼기에는 우리 인생이 너무나도 짧다. 몸과 마음이 힘들어질 수밖에 없다.

물론 흥미와 관심 있는 요소를 각자의 길(진로)에 몇 스푼 넣을지는 정답이 없다. 한 스푼도 넣지 않는 사람도 있을 것이

다. 덕업일치(자기가 열성적으로 좋아하는 분야의 일을 직업으로 삼음)를 이룬 이들은 진로 그 자체가 흥미와 관심사다. 그래서 타인의 이야기를 나의 이야기로 느끼면 위태로울 수 있다. 덕업일치를 이룬 이들과 나는 다르기 때문이다. 그들의 이야기가 아니라 나의 이야기를 들여다봐야 한다. 나의 균형점은 체험과 경험을 통해서 파악할 수 있다. 나라는 인간도 상황과 시기에 따라서 그 균형점은 달라질 수밖에 없다. 그러니 1년이 지나면 연말정산을 하는 것처럼, 한두 달에 한 번 미용실을 가는 것처럼 주기적으로 나를 살펴보아야 한다.

나를 즐겁게 하고 행복하게 하는 '이야기'의 매력에 빠지다

내가 관심 있어 하고 흥미 있어 하는 것은 '이야기'다. 어릴 때부터 영화와 드라마 보는 것을 즐겨 했다. 만화책과 무협지, 판타지 소설을 읽는 것도 참 좋아했다. 동네 도서관에 가서 책을 여러 권 쌓아놓고, 아직도 읽을 수 있는 게 이만큼이나 남아있다는 걸 보고 행복해했다. 이야기 덕후였다. 초등학교 때는 반 아이들에게 돌아다니며 내가 직접 창작한 썰렁한 펭귄 시리즈를 선사했다. 지금 생각해도 썰렁한 시리즈인데, 그 이야기를 만들고 아이들이 썰렁해하는 걸 즐거워했다. 이야기를 읽고, 이야기를 하는 걸 계속해서 좋아했다.

중학교 국어시간에 '여름방학'이라는 주제로 발표를 해야 했었다. 그때 반 친구들과 해운대로 놀러 간 에피소드를 이야기하며 모두를 깔깔 웃기게 만들었던 기억이 있다. 아마도 그때부터 이야기꾼의 면모를 조금씩 키워왔었던 것 같다. 대학생 때는 누군가의 이야기를 직접 듣는 '강연'과 '강의'에 몰입했다. 이 경험은 직접 강연회를 기획하여 운영해 보는 대외활동으로 이어졌고, 강연교육회사에서 교육 매니저 일로도 연결되었다.

그리고 요즘은 특히나 웹툰을 매일매일 보고 있다. 네이버 웹툰만 해도 최근 본 웹툰에 300개가 쌓여 있다. 또 자기답게 살아온 사람들의 이야기를 들을 수 있는 예능 프로그램 '유퀴즈온더블록'을 참 좋아한다. 이런 이야기 콘텐츠는 영감을 준다. 그렇게 나의 이야기의 일부가 되었다.

어느덧 이야기를 말로 전달하는 사람, 즉 강사가 나의 직업 중 하나가 되었다. 이야기를 보고, 읽고, 듣는 걸 좋아하고 이야기를 하는 걸 좋아했던 내가 말로 이야기를 하는 사람으로 자연스럽게 이어진 것이다. 현재 이야기를 말로 전달하는 강사, 이야기를 글로 전달하는 작가, 이야기를 듣고, 질문하고,

이야기를 나누는 코치로서 일을 하고 있다.

이제 이 글을 읽고 있는 당신에게 초점을 맞춰보자.
- 당신은 무엇을 꾸준히 관심 있어 하고 흥미 있어 하는가?
- 요즘 무엇을 좋아하는가?
- 어린 시절에 좋아했던 것은 무엇인가?
- 지금까지 나의 휴식과 놀이에 남아있는 건 어떤 게 있는가?
- 무엇을 할 때 시간 가는 줄 모르고 신나게 하고 있는가?

이 질문들은 나의 관심과 흥미를 발견시켜 주고, 떠올려줄 것이다. 지금 하지 않게 된 것이라도 좋다. 먼지가 쌓여 있지만 나의 관심과 흥미를 깨워줄 그 무언가가 내 진로의 힌트가 되어 줄 수 있다.

자기만의 서사와 기록이 쌓이면
자신의 포토폴리오가 된다
—

지금 좋아하는 게 있지만 취미의 영역으로 머무르는 사람도 있을 것이다. 물론 내게 활력을 주는 취미로 남겨도 괜찮다. 만약 좋아하는 취미를 직업으로 연결시키기 위해서는 시간이 필요하다. 두 발 자전거를 한 번에 탔던 사람이 있을까? 걸음마를 몇 번 만에 성공한 사람이 있을까? 아무도 없다.

지금 관심과 흥미가 있는 게 확실히 있는 사람이지만, 도저히 생계의 영역으로 이어지지 않는 사람들은 전략이 필요하다. 그것을 계속해서 가꾸어주고, 돌봐주면서도 생계를 해결할 수 있는 각자의 전략 말이다. 물론 취미의 영역으로만 머무는 것도 괜찮다. 생계의 영역을 다른 곳에서 해결하고, 흥미와 관심 분야는 내게 기쁨과 에너지를 준다면 뭐가 나쁜가. 시간이 쌓인다면 그 영역이 언제 생계의 영역으로 넘어갈지 모르는 세상이 요즘 세상이다. 덕업일치는 동화 속 이야기가 아니라 이제 우리 옆 사람의 이야기가 조금씩 되고 있다. 자기만의 서사를 쌓아간다면, 그것들을 차곡차곡 기록해 나간다면 그 자체가 하나의 포트폴리오가 될 것이다.

흥미와 관심 있는 걸 꾸준히 하되, 그 과정을 나만의 기록으로 계속해서 쌓아간다면 어느새 취미의 영역에서 조금씩 일의 영역으로 넘어갈 것이다. 그 전환점을 만들어주는 건 여러 가지가 있지만, 결국은 포기하지 않고 계속해서 해나가는 나에게 있다.

4. 좋아서 하는 사람들

이직하거나, 전직을 하거나, 창작을 하는 것으로 이어지는 이유도 그 때문이다.
우리의 정체성과 가치, 철학, 신념이 담긴 why와 do는 삶을 걸쳐 여러 산업에서,
직무에서, 직업에서 펼쳐나갈 수 있다.
그렇기에 직업보다는 자신이 지니고 있는 오리지널리티를 발견하고,
쌓아나가는 것이 더 중요하다는 생각이 들었다.
- 2021년 12월 18일, 원격영상 진로멘토링 강의를 마치고

좋아하는 것을 하는 사람들이 있다. 커피가 좋아서 카페를 차린 사람들, 책이 좋아서 서점을 차린 사람들, 아이스크림이 좋아서 아이스크림 가게를 차린 사람들이 있다. 종이비행기를 날리는 걸 좋아해서 종이비행기 국가대표가 된 사람들이 있다. 그림을 그리는 게 좋아서 화가가 된 사람들, 시를 쓰는 게 좋아서 시인이 된 사람들이 있다. 이렇듯 좋아하는 걸 취미로 남겨두지 않고 일의 영역으로 끌고 오는 사람들이 있다.

교육부 원격영상 진로멘토링을 하면서 이런 사람들을 많이

만났다. 30년 넘게 성우로 일을 한 분, 20년 넘게 편집인으로 책을 만든 분, 10년 넘게 춤을 춘 분 등 자신이 좋아하는 일을 직업으로 삼은 분들이었다. 그들에게는 공통점이 있었는데, 눈이 빛났다는 것이다. 꿈을 꾸는 사람들이었다. 여전히 꿈이 있었다. 생기발랄한 목소리로 꿈을 말했다. 그리고 아직도 무언가에 두근거리셨다. 자신의 꿈뿐만 아니라, 자신이 하는 일과 만나는 사람들을 참 좋아하셨다. 이것이 좋아하는 일을 하는 사람들의 특권이다 싶었다.

좋아하는 일을 잘하게 될 수 있는 시간이 필요하다

물론 이들에게는 일하는 기쁨을 느끼기 전까지의 시련도 있었다. 누군가는 자신의 가게를 차리고 싶어서 하고 싶은 일과 관계가 전혀 없는 일을 하며 돈을 악착같이 모으시는 분도 있었고, 지원하는 오디션, 면접마다 계속해서 떨어지시는 분도 있었다. 좋아하는 일을 꽃피울 수 있는, 잘하게 될 수 있는 시간이 필요했다. 그런데 그 시간은 "당신은 그 시간을 충분히 쌓았다"고 누가 알려주는 것이 아니다. 또 사람마다 꽃피는 시기와 계절이 다 다르니 계속해볼 수밖에 없다. 포기하지 않고, 묵묵히 자신만의 방향과 속도로 꾸준히 해왔기에 그들은 좋아하는 일로 이 세상에 굳건히 설 수 있게 됐다. 견딤과 버팀의 시간을 통과하지 않고는 자신이 하고 싶어서 하는 일의 기쁨을 느끼기 힘들다.

 좋아하는 일을 한다고 해서 매 순간이 행복하기만 하지는 않았다. 하기 싫은 일들도 해야 하는 나날들이 펼쳐지기도 했다. 좋아하는 일 속에는 좋아하는 것만 있는 게 아니었다. 그래도 내가 선택한 일이기에, 좋아하는 일이기에 그들의 에너지는 반짝거렸다.

 좋아하는 일을 하는 사람들은 무언가를 포기한 사람들이었다. 자신의 인생에서 선택과 집중을 한 것이다. 내가 좋아하고, 재미있는 것들을 일로, 삶에서 펼쳐보고자 무언가를 끝내고 새로이 시작한 사람들이었다. 겉핥기가 아니라 몰입의 시간을 쌓아온 하루하루가 모여서 이들의 진로가 되었다.

✓ 자기이해 체크리스트 1 Check List

"나는 나를 얼마나 잘 알고 있을까?"

자기이해: 관심과 흥미 알아보기

- 요즘 꾸준히 관심이 가고 흥미로운 일은 무엇인가?
  _____
  _____

- 어린 시절에 좋아했던 것은 무엇인가?
  _____
  _____

- 무엇을 할 때 시간 가는 줄 모르고 신나게 하고 있는가?
  _____
  _____

- 아직 해보지는 않았지만, 계속해서 눈길이 가는 것들은 무엇인가?
  _____
  _____

- 이 질문들을 바탕으로 나의 관심과 흥미 3가지를 구체적으로 정리하여 보자.

1.
   _____
   _____

2.
   _____
   _____

3.
   _____
   _____

5.
가치: 의미 있는 일

"송강호 씨가 옆을 가리키면서
'이게 너무 오랫동안 닫혀 있어서 벽인 줄 알고 있지만, 사실은 문이다'
라고 말하는 대목을 가장 좋아합니다.
여러분께서도 벽인 줄 알고 있었던 여러분만의 문을 꼭 찾으시길 바랍니다."
- 영화감독 박찬욱

사람마다 삶에서 중요하게 생각하는 것은 다 다르다. 그리고 그 생각은 사람들을 다른 방향으로 이끈다. 1도라도 방향이 다르다면 5년이 지났을 때, 10년이 지났을 때 서로 완전히 다른 곳에 있게 된다. 같은 직업을 지녔더라도 가치관이 다르다면 그 사람의 직업만족도와 삶의 만족도는 차이가 있을 수밖에 없다.

진로에 있어서 '가치'는 의미를 부여해 준다. '내가 왜 여기 있지?', '이 일을 왜 내가 해야 하지?'라는 질문에 대한 답을 스스로 찾을 수 있게 해준다. 자신이 하는 일에 대해 '아무 의미 없다'라며 일하는 사람은 그저 일을 작년과 똑같이 반복할 뿐이지만 자기에게 의미 있는 일을 하는 사람은 일에서 새로운 시도와 실험을 주도적으로 하게 된다. 그리고 그 과정 속에서 흥미를 느낀다. 의미와 흥미는 서로가 서로를 끌어당기는 힘을 가지고 있다.

　가치 있는 일은 누가 찾아줄 수 없다. 우리가 이때까지 살아온 삶 속에서 발견하거나, 앞으로 살아갈 삶 속에서 발견할 뿐이다. 앞으로 살아갈 삶 속에서 가치를 발견하는 건 미래의 내게 맡겨두고, 지금은 우리의 경험을 떠올리자. 내가 간직하고 있는 이야기를 떠올려보면 중요하고 의미 있는 것들을 발견할 수 있다.

코로나 때 온라인으로 열렸던 한 이야기 대회에서 했던 주제는 '오전이 사라진 삶'이었다. 괜찮을 줄 알았던 서른이었지만 회사를 퇴사하게 되고, 여자친구와 헤어지고, 통장에 8만 원이 있었던 그 시절을 이야기했었다. 인생에서 가장 힘든 시기 중 하나였다. 인생에서 가장 깊은 골짜기였고 가장 어두운 시간이었다. 그 골짜기에서, 그 어둠 저 깊은 곳에서 내게 빛나는 것들을 발견할 수 있었다. 내게 의미 있고 중요한 가치를 알게 된 것이다. 바로 '연결'이었다. 고립감을 느끼고 있었던 내게 책 읽기와 책 필사한 것을 SNS에 올리고, 사람들과 이야기 나누는 것이 사람들과 연결시켜 주었던 것이다.

어려울 때 내 가치를 발견할 수 있었던 대화와 소통을 통해 그 진가를 확인할 수 있었고 이를 계기로 대화와 소통에 많은 흥미와 관심을 가지게 되었다. 대화와 소통이 나 자신과의 연결, 사람들과의 연결을 가능하게 만들어 주는 것이기 때문이다. 일을 할 때에도, '연결'을 중요시하게 여기는 곳에서 일하거나 중요하게 여기는 사람들이 많은 곳에서 일하는 것을 선호한다. 아무리 많은 돈을 준다고 해도, 서로가 전혀 연결되어 있지 않거나 소통하지 않는 곳에서 일을 하는 건 거절할 것이다. 한다고 하더라도 오래 할 수 없다.

이렇듯 '일의 가치'는 내가 기억하고 있는 이야기에서 발견할 수 있다. 내가 이룬 성취와 성공에서 찾아도 좋고, 내게 실패로 느껴지는 어두운 기억에서 발견해도 좋다. 우리가 기억하고 있는 이야기에서 반짝이는 것을 찾는 여정은 내게 소중하고 중요한 가치를 찾게 해줄 것이다. 당신이 간직하고 있는 스스로의 이야기 속에 가치는 숨겨져 있다. 여전히 당신에게 남아있는 이야기는 어떤 것들이 있는가. 그 이야기 속에 담겨있는 가치는 나를 보다 더 알게 해준다. 삶 속 선택의 갈림길에서 나다운 선택을 내릴 수 있도록 도와준다. 자기다운 모험을 떠날 수 있게 된다.

6. 나는 어떤 가치를 추구하는 사람인가?

> 진정한 자기 자신과의 대면없이, 대부분의 사람들이
> 나아가는 방향을 나 역시 좇아가는 것만큼 어리석은 것은 없다.
> 내가 어떤 것에 가치를 느끼는지 알되,
> 그 가치를 위해 묵묵히 나아갈 수 있는
> 그런 사람이 되어야겠다는 생각이 드는 저녁.
> - 2011년 12월 4일, 저자 SNS 글 중에서

누군가는 돈을 최우선의 가치로 여긴다. 어떤 이는 가족을 가장 상위의 가치로 생각하고 의사결정을 내린다. 누군가는 건강을, 또 다른 이는 사회적 영향에 가장 큰 비중을 둔다. 사람마다 추구하는 가치는 다르다. 그리고 그 사람도 어떤 경험과 사건으로 인해 중요시하게 여기는 기준점인 가치가 얼마든지 달라질 수 있다.

그래서 경험을 해봐야 제대로 안다. 이 가치가 내게 정말로 소중한지를 알려면 말이다. 하지만 우리는 모든 경험을 직접 해볼 수는 없다. 그때는 맞지만 지금은 아닐 수 있다. 물론 그때는 아니었지만 지금은 맞을 수도 있다.

그렇다면 가치를 바라보는 건 가치가 없는 일일까. 그건 아니다. 내가 중요시하게 여기는 것이 무엇인지, 그 중에서도 상위에 있는 핵심가치가 무엇인지를 아는 것은 진로를 결정을 하고 만들어 가는 시점에 매우 필요한 일이다. 그리고 진로의 방향을 바꿀 때 역시 가치를 들여다보는 것은 꼭 필요하다. 스스로가 중요하다고 여기는 것을 삶에서 조금씩 해나갈 때, 만들어 나갈 때 우리는 만족감과 행복을 느끼기 때문이다.

진로에 있어 모두에게 적용되는 정답은 없다. 각자의 해답만 있을 뿐이다. 삶에서 만들어 나가는 해답이 있을 뿐이다. 그 해답은 질문에서 만들어진다. 그리고 질문은 가치가 충족되지 못한 삶에서 나온다. 나에게 중요한 것이 결핍되어 있는 오늘이 계속해서 반복될 때 '이건 아닌데'라는 말과 함께 '나는 무엇을 원하는가?', '나는 무엇을 하고 싶은가?'라는 질문을 던지게 된다.

그때 나의 가치를 발견하기 가장 좋은 때이다. 물론 감정적으로 힘들고 괴롭다. 나를 구원해줄 하나의 명쾌한 방법은 없다. 어떤 가치가 중요한지 헷갈리기도 한다. 그래도 우리 삶은 계속되기에, 그 어려움과 막막함을 안고 중요한 키워드를 찾아내야 한다. 어린 시절 소풍 때 보물찾기를 한 것처럼, 나의 보물을 힌트를 얻으며 찾아내야 한다.

힌트는 내가 했던 경험들이다. 만났던 사람과 겪었던 사건들에 있다. 저절로 미소가 지어질 정도로 기뻤던 순간들, 너무나도 힘들었던 순간들 속에 중요한 가치는 있다. 무언가를 잃어버려서 고통스러울 때, 무언가를 얻어서 세상을 다 얻은 것처럼 기뻤을 때 우리에게 유의미한 가치가 숨겨져 있다. 이를 섬세히 관찰하고, 바라보는 사람만이 그 힌트를 발견하고 보물을 찾을 것이다.

2달 동안 아무와도 만나지 않고 원룸에만 있어도 그 시간들은 내게 '연결'과 '건강'이라는 가치가 중요하다는 것을 알게 해주었다. 힘든 시간들일수록 내게 강력한 신호를 보낸다. 내 몸과 마음을 돕기 위해서 보내는 '감정'의 뒤에 '가치'는 숨겨져 있다. 아직까지 기억하고 있는 감정은 무엇인가. 그 감정 뒤에 당신에게 중요한 가치가 숨겨져 있다.

✓ 자기이해 체크리스트 2   Check List

"내가 하고자 하는 일은 얼마나 가치가 있는가?"

자기이해: 일의 가치 알아보기

- 삶에서, 일상에서 가장 기뻤던 순간을 떠올리면 어떠한 장면이 생각나는가? 위의 표를 참고하여 그때 어떤 가치가 이루어졌는지 글을 쓰면서 생각해보자.

_____

_____

- 삶에서, 일상에서 가장 힘들었던 때를 떠올리면 어떤 장면이 생각나는가? 위의 표를 참고하여 그때 어떤 가치가 이루어지지 못했는지 글을 쓰면서 생각해보자.

_____

_____

7.
강점: 잘하고 싶은 일, 잘하는 일

"자신이 가장 잘할 수 있는 것을 하는 사람,
매일 아침 일어나 그것을 할 수 있는 사람,
그 사람이 바로 성공한 사람이고 행복한 사람이다."
- 변화경영사상가 구본형

벤자민 프랭클린은 나의 재능을 발견하지 못하고, 낭비될 때의 상황을 '그늘에 놓인 해시계'라고 말했다. 나의 해시계를 그늘에 놓고 있지는 않았을까. 우리에게 타고난 재능과 갖고 있는 강점을 잘 활용해 오고 있었는가. 그러려면 내가 가지고 있는 재능과 강점이 무엇인지를 확인하는 게 필요하다. '나는 무엇을 잘하는가?', '나는 무엇을 잘할 수 있는가?' 하는 질문에 선뜻 답을 내놓을 수 있는 사람은 그리 많지 않다.

물론 강점에 대한 정의는 여러 가지가 있다. 강점이 한 가지 일을 완벽에 가까울 만큼 일관되게 처리하는 능력이라는 관점에서만 본다면 강점을 이야기하는 게 조심스러울 수밖에 없다. 내가 이야기하고자 하는 강점은 '경향성'이다. 강점은 내가 추구하는 것을 지속적으로 할 수 있는 능력이자, 스스로가 가지고 있는 생각과 감정 및 행동까지 포함하는 개념이다.

   나는 어릴 때부터 사람들 앞에서 이야기를 잘하고 싶어 했다. 이 생각이 처음에는 여러 가지 감정을 만들어냈다. 잘할 때는 '기쁨'과 '즐거움'을, 그렇지 못할 땐 '부끄러움'과 '수치심'이 나왔다. 하지만 어떤 실패도 내가 이야기하는 것을 멈추게 할 수는 없었고, 나는 계속해서 이야기를 시도했다. 대학교 수업을 들을 때 손이 덜덜덜 떨렸지만 교수님께 질문을 하는 것이 변화의 시작이었다. 팀 프로젝트를 할 때 용기를 내어 먼저 발표를 해보겠다고 했다. 독서모임을 하면서 더듬거리더라도 내 생각과 느낌을 표현하는 연습을 했다. 그 경향성은 하나의 흐름을 만들었고, 지속적으로 이야기를 시도해 볼 수 있게 해주었다. 시도했다가 성공하기도 하고, 실수하고 실패하기도 했다. 어느덧 이제는 남들이 보았을 때 잘하는 수준이 되었다. 전국 스피치 대회에서 상을 타기도 했고, 이야기 대회를 나가서 3위를 했다.

   '나는 무엇을 잘하는가?', '나는 무엇을 잘할 수 있는가?'를 질문하기 전에 스스로에게 '나는 무엇을 지속적으로 시도해 보고 싶은가'를 물어보면 어떨까. 무엇을 꾸준히 도전해 보고, 그것을 잘하고 싶어 하는지에 대해서 스스로와 이야기를 나눠본다면 자기만의 강점을 발견할 수 있다. 나에게 없는 것을 잘하게 만드는 고된 과정이 아니라 이미 내게 있는 것을 몰입해서 즐겁게 해나가며 작은 성취와 성공, 성장 속에서 기쁨을 느끼는 과정이라면 우리는 햇빛에 놓인 해시계가 될 것이다.

내가 잘하고 싶은 것, 잘하는 것을 알면 그 잘하는 걸 더 빛나게 해줄 수 있는 곳으로 나를 이끌고 갈 수 있다. 고등학교에서 관심도 없는 여러 과목을 공부했던 한 학생이 자신의 재능과 강점을 알고 'Mnet 고등래퍼'에 나가서 래퍼의 길로 잘 걸어가고 있는 김하온을 봐도 그렇다. 수능점수에 맞춰 경영학 전공을 하며 대학을 다녔던 부산의 한 대학생은 자기의 강점을 알고 서울로 상경해 음악을 계속해 왔다. 그는 대학교 경영학과 후배인 장다혜다. 바로 '비도 오고 그래서'를 만든 헤이즈의 이야기다.

당신의 강점은 무엇인가? 당신은 어디에 있는가? 그늘에 놓인 해시계에서 햇빛에 놓인 해시계로의 변화를 위한 첫걸음은 내가 '해시계'임을 아는 것이다. 나를 빛나게 해주는 것은 타인과의 비교가 아니라, 내 안에 잠재되어 있는 강점이다.

8.
강점:
지속적으로
할 수 있는 일

"요즘은 내 이야기를, 나의 방식대로 강의 콘텐츠에 녹여서 해나간다.
재밌다, 계속 하고 싶다. 이제야 내 이야기를 제대로 할 수 있게 되었고,
이제야 아이들과 대화를 나눌 수 있게 된 거 같다."
- 2019년 1월 8일, 저자 SNS 글 중에서

싫어하는 일이 강점이 될 수 있을까? '말하기'를 싫어하는 사람이 '말하기'로 사람들에게 좋은 에너지와 영향을 줄 수 있을까? 노래하는 걸 싫어하는 사람이 노래를 잘할 수 있을까? 듣는 이에게 감동을 줄 수 있을까?

절대 그럴 수 없다고 생각한다. 스스로에게 기쁨이 되지 않는 일은 타인에게 기쁨을 줄 수 없다. 우선은 자신을 채워야 타인을 채워줄 수 있는 것처럼, 자신을 사랑해야 다른 사람을 진정으로 사랑할 수 있는 것처럼 싫어하는 일이 강점이 될 수는 없다.

물론 싫어하는 일이 잘하는 일이 될 수는 있다. 말하기를 싫어하지만 말하기를 잘할 수 있다. 노래를 싫어하지만 노래를 잘할 수 있다. 그러나 강점은 단순히 '잘하는 일'이라는 의미를 담고 있는 게 아니다. 강점은 스스로에게 기쁨을 줄 수 있는 것, 힘을 얻는 것이다. 그러니 지속적으로, 오래 할 수 있게 된다. 그러다 보면 점점 더 잘하게 될 수밖에 없다.

초등학생 때부터 친구들과 누가 더 썰렁개그를 잘하는지 대결하는 놀이를 만들어서 반에 유행시키기도 했다. 그때부터 나는 말을 재미있게, 조리 있게 잘하고 싶었다. 처음부터 잘하지는 않았지만 어느 정도의 재능은 있었던 것 같다. 스스로가 재미있으니까 계속하게 됐다. 그러다 보니 점점 더 잘하게 되었다. 초등학생의 이 경험은 발표력으로 연결됐다.

물론 처음부터 발표를 잘하지는 못했다. 충분한 경험이 없었고, 연습을 하지 않았기에 나의 재능은 빛나지 못했다. 발표가 망했을 때조차도 감정은 좋지 않았지만 포기하고 싶지는 않았다. 왜냐하면 '말하기'를, '발표'를 좋아했기에. 어떻게 하면 더 발표를 잘할 수 있을지 스스로에게 질문했다. 그러다 보니 그 당시에 말을 잘하는 사람들의 영상을 찾아보기도 했고, 책을 읽기도 했다. 무엇보다 수업시간에 손을 들어 질문하는 기회를 수시로 만들었다. 뭘 하든 손을 들었다. 그때 취미가 손들기였던 것 같다.

만약에 자신의 강점을 찾기 힘들다면 어린 시절을 떠올려 보면 도움이 된다. 내가 기쁨을 느껴서 지속적으로 해왔던 '동사'는 무엇인가. '이야기하다', '도와주다', '수집하다', '노래하다', '연주하다', '그리다', '들어주다', '춤추다' 등 누가 시켜서 한 것이 아니라 스스로 호기심과 관심을 가지며 눈을 반짝반짝 빛냈던 것은 무엇인가. 특정 시기에 꾸준히 해왔던 그것은 무엇인가. 누가 뭐래도 이것만큼은 계속해서 하고 싶은 것은 무엇인가. 그 속에 자신의 강점에 대한 힌트가 있다.

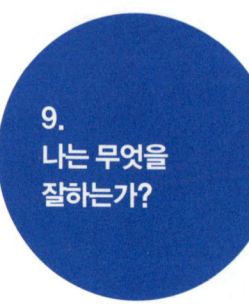

9. 나는 무엇을 잘하는가?

"항상 지금의 자기 자신보다 나아지려고 애쓰다 보면,
나는 언젠가 나를 아주 좋아하게 될 것이다."
- 변화경영사상가 구본형

여행을 떠나기 전에 여행 준비를 하는 것처럼 모험을 떠나기 전에 모험 준비가 필요하다. 가장 중요한 준비는 내가 누구인지 아는 것이다. 그래야 나다운 모험과 여정을 떠날 수 있다. 물론 모험이 실패로 끝날 수도 있다. 하지만 실패가 실패로만 끝나지 않는다. 그 과정 속에서 깨달은 것들과 발견한 보물들이 있을 수 있다. 중요한 건 진짜 내 모습으로 실패를 하는 것인데, 그러려면 자기이해를 하는 과정을 거친 후에 자기모험을 떠나는 것이 좋다.

내가 좋아하는 것(관심사와 흥미)은 무엇인지, 잘하는 것(강점)은 무엇인지, 그리고 세상에 필요한 일(가치)은 무엇인지에 대해 생각해보는 것은 스스로를 이해하는 데 도움이 된다. 이번 글에서는 '강점'에 대해서 더 이야기를 해보고자 한다.

강점에 대한 여러 이야기 중에 가장 공감이 갔던 이야기는 블룸컴퍼니 박정효 대표가 했던 말이다.

"강점은 단순히 잘하는 것만을 뜻하는 게 아니라, 힘을 얻는 것, 오래 할 수 있는 것이어야 한다. 잘하는 것만으로, 성과를 지속적으로 내는 것만으로 강점이 될 수 없다고 생각한다. 번아웃 증상이 올 수도 있다. 힘을 얻으면서도 오래 할 수 있으면서, 잘하는 것은 무엇인가?"

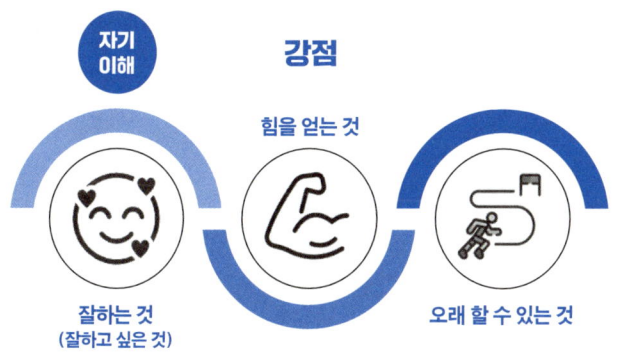

일상에서 강점 근육을 늘리면 강점은 더 강해진다

아마 찾기 어려울 수 있다. 힘을 얻고, 오래 할 수 있는 데 아직 잘하는 것이 아닌 경우가 많다. 그렇다면 잘하는 것을 잘하고 싶은 것으로 바꾸어도 좋다. 힘을 얻고, 오래 하다 보면 잘하게 될 수 있는 것들이 보인다. 잘하고 싶은 것에서 잘하는 것으로 바뀌는 과정에서는 멘토와 스승이 필요하다. 그리고 함께 공부할 수 있는 동료가 있다면 더욱더 좋다. 재능과 지식, 기술을 연마할 수 있는 현장이 있다면 더할 나위 없이 좋은 환경이다.

또 책《위대한 나의 발견★강점 혁명》에 있는 클리프턴 스트렝스 테스트(책을 사면 강점 테스트를 진행할 수 있음), VIA 강점 검사(무료버전 가능), 태니지먼트(무료버전 가능) 등 나의 재능과 강점을 발견하도록 돕는 진단 도구를 활용하는 것도 도움이 된다.

영화 '타짜', '암살'을 만든 감독 최동훈은 이렇게 말했다.
"중요한 것은 재능보다는 의지다.
나는 하면 된다는 말보다 하면 는다는 말을 믿는다."

팔굽혀펴기를 하나도 못 했던 사람이, 철봉을 하나도 못 했던 사람이 하나를 넘어서 두 개를 하게 되고, 열 개를 하게 되는 것은 계속 운동을 했기 때문이다. 운동은 하면 는다. 강점도 하면 는다.

스스로 듣고, 보고, 읽고, 생각하고 직접 해보면 근육이 는다.

듣기	보기	읽기
주변 사람들, 팟캐스트, 라디오 등	유튜브, 넷플릭스, 웹툰, 인스타그램 등	책, 매거진, 뉴스레터 등

생각하기

행동하기 + 경험하기

▼

강점 근육

일상에서 강점 근육을 늘리다 보면 우리의 강점은 강해질 수밖에 없다. 나의 강점을 제대로 활용할 수 있는 일을 한다면, 삶을 살 수 있다면 얼마나 좋을까. 이는 동화가 아니다. 우리 현실에서 얼마든지 만들 수 있는 다큐멘터리다.

✓ 자기이해 체크리스트 3   Check List

"내가 지속적으로 잘하고 싶은 것은 무엇인가?"

자기이해: 나의 강점 알아보기

- 나는 무엇을 지속적으로 시도해 보고 싶은가? 내가 잘하고 싶은 것은 무엇인가?

  _____
  _____

- 내가 기쁨을 느껴서 지속적으로 해왔던 '동사'는 무엇인가.

  _____
  _____

- 다른 사람들이 내게 자주 부탁하는 것은 무엇인가?

  _____
  _____

- 내가 잘하는 것은 무엇인가?

  힘을 얻는 것은 무엇인가? 오래 할 수 있는 것은 무엇인가?

  _____

  _____

10. 재미, 의미, 강점의 합집합

> 당신이 들어가기 무서워하는 동굴 속에
> 당신이 찾는 보물이 있다.
> - 신화학자 조셉 캠벨

나를 이해하는 데 도움이 되는 3가지가 바로 재미(흥미), 의미(가치관), 강점이다. 이는 우연히 알게 될 수도 있지만 자신을 들여다보는 시간이 필요하다. 관심을 가지고 관찰을 하다 보면 어떤 패턴이 보인다. 내가 가지고 있는 패턴, 무늬를 이미지로든, 텍스트로든 표현하는 게 필요하다. 물론 이 3가지의 교집합이면 더할 나위 없겠지만 굳이 이 3가지의 교집합일 필요는 없다. 교집합을 발견한 사람은 정말 운이 좋거나, 여러 경험들을 통해서 충분히 관찰해주는 시간을 가진 사람이다.

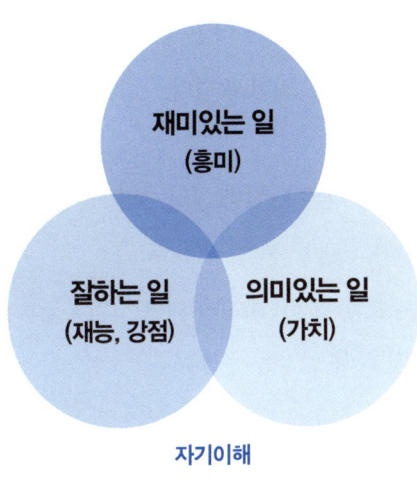

나를 상징하는 키워드를 문장으로 표현하라

나는 문장으로 표현하는 걸 추천한다. 그것이 나의 비전과 미션이 될 수도 있고, 하나의 꿈으로 표현될 수 있다. 처음부터 문장을 만들려고 하면 어렵다. 그래서 키워드를 계속해서 끄집어내 보면 좋다. 나는 '이야기'를 좋아한다. 그리고 '사람'들과 함께 '소통'하고 '연결'되는 것을 의미 있다고 여긴다. '강연'을 대학생 때부터 많이 듣다 보니 직접 해보고 싶어졌고, 그래서 시도해 봤다. 꾸준히 듣고, 꾸준히 '강의'와 '강연'을 하다 보니 '이야기'를 '표현'하고, 전달하는 것을 잘하게 되었다.

그리고 배움을 통해서 나와 타인의 어떠한 긍정적인 '변화'와 '성장'을 '도와주는 것' 또한 즐겁다.

> 그래서 탄생한 나의 나침반 문장, 보물 문장은
> "나의 변화와 성장을 통해서,
> 말(스피치와 대화)과 길(진로)에 대한 사람들의
> 긍정적인 변화와 성장을 돕습니다."
> 이 문장이다.

이와 연관된 일들을 해나가면서 내가 가진 KSA(지식, 기술, 태도)를 계속해서 발전시켜 나가고 있는 중이다. 이 문장은 나의 나침반이다. 나에게 방향을 제시해준다. 그리고 어떤 선택을 할지 알려주기도 한다. 도울 때 이야기로 돕는다면 강사일 수도 있으며 그 이야기가 글이라면 작가일 수도 있다. 그리고 직업상담가, 진로코치일 수도 있을 것이다. 한정된 명사가 아니라, 생생하게 움직이고 있는 문장으로 표현하니 하고 싶은 일도 많고, 할 수 있는 일도 많다. 그렇게 하고 싶은 일들을 확장해 나가다 보면 집중해 보고 싶은 것들을 발견하게 될 것이다. 그것이 내 연구 주제이자 실험 분야가 될 것이며 그때의 본업이 된다.

배는 항구에 있을 때 안전하다. 그러나 그것은 배의 목적이 아니다. 우리의 목적은 무엇인가? 그것은 스스로가 찾아야 한다. 항구에 있는 게 목적인 사람도 있을 것이며, 그 목적을 찾으러 떠나는 모험 자체가 목적인 사람도 있을 것이다. 정답은 없다. 스스로에게 물어보아야 한다. 그 대답은 온전히 나에게 있다. 그 대답을 나침반 문장, 보물 문장이 찾아줄 것이다. 그리고 그 문장은 내가 떠나야 하는, 떠나고 싶은 여정과 모험을 알려줄 것이다.

✓ 자기이해 체크리스트 4 Check List

"나의 관심과 흥미, 강점을 찾아보면?"

자기이해: 나의 재미, 의미, 강점의 합집합 알아보기

- 관심과 흥미 키워드와 문장들을 여기 쭈욱 정리해 보자.
  _____
  _____

- 가치 키워드와 문장들을 여기 쭈욱 펼쳐 보자.
  _____
  _____

- 강점 키워드와 문장들을 여기 쭈욱 나열해 보자.
  _____
  _____

- 이 키워드와 문장들을 가지고 나의 나침반 문장, 보물 문장을 만들어 본다면 어떤 문장인가?
  _____
  _____

11.
역사:
과거를 통해
들여다보다

"당신을 위해 일하고, 그 일을 통해 스스로를 사랑하게 되고,
그럼으로써 당신의 인생을 정의할 수 있다는 것은 좋은 일이다.
인생을 살며, 누군가가 당신이 함께 있어서 좋았다고 말해준다면,
당신은 훌륭한 사람이다."
- 구본형, 《낯선 곳에서의 아침》 중에서

이 글을 읽고 있는 당신, 당신의 현재는 2025년의 여름일 수도 있고 2026년의 겨울일 수도 있다. 읽는 사람마다 책을 읽는 시기와 공간은 다를 것이다. 하지만 분명한 건 지금까지 달려온 나에게 여러 선택이 있었고, 여러 사건이 있었다. 우리의 과거, 역사는 잊힐 수 있지만 존재할 수밖에 없다. 각자는 이야기를 지니고 있는 존재다. 그리고 이 이야기, 즉 과거와 역사를 잊지 않아야 스스로를 더 이해할 수 있다. '역사를 잊은 민족에게 미래는 없다'라는 말처럼 자신의 역사를 잊은 스스로가 자기를 알고 이해하기란 어려울 수밖에 없다.

이 글을 읽는 당신이 현재 35살이라고 해보자. 35년 인생에서 여러 일들이 있었을 것이다. 기쁘고 환희에 가득 찬 순간도 있었을 것이고, 무미건조하고 무력했던 시기도 있었을 것이다. 아무런 희망도 없고 자기 자신에 대한 믿음이 없던 시절뿐만 아니라 자신감을 가지고 여러 시도를 했던 적도 있었을 것이다.

수많은 일들 중에서 10가지 이야기로 나의 인생 10대 뉴스를 정해 본다면 어떤 일들을 적을 수 있을까? 아마도 여러 인물들, 관계들, 사건들, 감정들, 이야기들이 있을 것이다. 이 역사를 살피다 보면 내가 그리고 있는 무늬와 패턴이 보인다. 이때 느꼈던 감정, 느낌뿐 아니라 욕구와 욕망, 가치가 드러난다. 이렇듯 내가 가지고 있는 무늬와 패턴을 확인하는 일이 과거를 보는 일이다. 또한 나의 역사는 지금의 재미와 의미, 강점을 만드는 데 지대한 영향을 줄 수밖에 없다.

이 과정에서 가장 중요한 것은 자신을 정직하게 바라보는 것이다. 누군가에게 인정받기 위해서, 보여주기 위해서 하는 작업이라면 진정한 나를 알기 힘들다. 행복한 척하지 않고, 불행한 척하지 않으며 자신을 있는 그대로 바라보면서 인생 10대 뉴스의 기자가 되어보는 건 어떨까. 각 뉴스의 제목도 지어보고, 가능하다면 그때의 나를 주변 사람들이 어떻게 기억하는지도 물어보는 거다.

무엇보다도 나를 스스로 인터뷰하는 귀중한 작업이다. 그때 어떤 일이 있었고 그 당시에 왜 그렇게 힘들어했는지, 내가 중요하게 여기는 것은 무엇이었는지, 어떤 인물들과 어떤 관계에서 어떤 일들이 일어났는지를 기록하다 보면 수면 아래 잠들어 있었던 중요한 무언가가 발견된다. 그것은 가치관일 수도 있고, 잊어버리고 있었던 꿈일 수도 있고, 흥미와 강점일 수 있다.

✓ 자기이해 체크리스트 5 Check List

"나의 인생 10대 뉴스는 어떤 것들일까?"
자기이해: 자신의 역사 알아보기

- 당신은 지금부터 기자다. 내가 살아온 삶을 취재하는 기자. 스스로에게 질문을 해보자. 내 인생에서 10대 뉴스를 뽑는다면 어떠한 일들이 생각나는가? 그곳에서 발견된 흥미, 가치, 강점은 어떤 것인가? 그리고 마지막으로 아래의 제목으로 정리해 보자.

[굿 뉴스]

1.

2.

3.

4.

5.
_____

[배드 뉴스]

1.
_____

2.
_____

3.
_____

4.
_____

5.
_____

12.
미래: 아직 오지 않은 아름다운 장면들

> 사람들은 대부분 자신이 1년 안에 할 수 있는 것은 과대평가하고,
> 10년 안에 할 수 있는 것은 과소평가한다.
> - 보도 섀퍼, 《돈》 중에서

우리는 10년을 과소평가한다. 돈에 복리가 작용하듯, 자기 성장에도 복리가 작용하기에 10년 안에 많은 것들을 해낼 수 있다. 10년 안에 이루고 싶은 아름다운 장면 몇 가지를 상상해 보는 것은 인생의 복리를 일으킬 수 있게 도와준다. 지쳐 있을 때는 상상해 놓은 이미지들을 보는 것 만으로도 에너지를 얻는다. 미래 이미지는 내가 이루고 싶은 꿈일 수도 있다. 버킷리스트일 수도 있다. 거창해도 괜찮고, 사소하고 소소해도 좋다. 10년 안에 일과 삶 영역에서 이루고 싶은 것들을 쭈욱 써보면 내가 현재 어떤 욕망들을 가지고 있는지 알 수 있다.

무언가를 욕망하는가? 어떤 사람들과 함께하고 싶은가. 어떤 일을 해내고 싶은가. 어떤 나라의 어떤 도시에서 무엇을 하며 지내고 있을까. 이 질문들은 아직 오지 않은 미래를 상상하게 만든다. 내가 욕망하는 것들을 확인할 수 있다. 지금 당장은 어렵지만, 꼭 10년 안에 이루고 싶은 것들은 무엇이 있는지를 들여다본다면 나를 보다 더 이해할 수 있게 된다. 그리고 현재와 미래의 간격을 확인하고, 어떤 시작을 할 수 있을지 모색할 수 있다.

시각적인 요소가 들어가면 더욱 좋다. 생생하게 느낄 수 있도록 말이다.

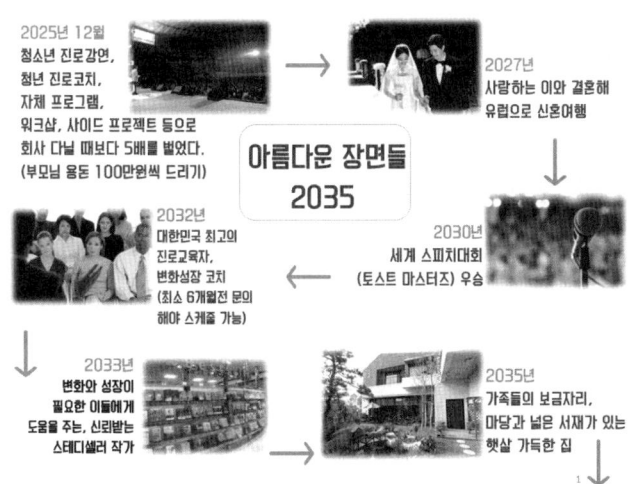

이 생생함은 내게 에너지를 준다. 힘이 들 때 이 장면들을 쳐다보고 상상하면 기운이 난다. 2035년에 이 모든 것들을 이룬 나의 모습을 그려본다. 그때의 내가 어떤 사람들과 함께 어디에서 무엇을 하고 있을지를 생각해본다. 그리고 그날 나의 하루를 살아본다. 새벽에 일어나 그날 읽고 싶은 책과 쓰고 싶은 글, 써야 하는 글을 쓴다. 그리고 아침에 1:1 진로코칭 상담을, 오전에는 소그룹 진로코칭 상담을 진행한다. 점심을 아내와 가볍게 먹고 나서 부산으로 청년들 대상으로 '자기표현과 자신감'이라는 주제로 강연을 하러 간다. 오후 4시에는 출판사와 내년에 출간할 책에 관해 미팅하기로 했다. 그리고 다시 집으로 돌아와 저녁에는 가족들과 함께 보기로 한 오징어게임 시즌 10을 본다. 밤 10시에는 TED 담당자와 미팅을 하기로 했다. 내년 캘리포니아에서 있을 TED 무대에 연사로 서기로 했는데 그에 대한 이야기를 나눈다.

상상만 해도 긍정적인 에너지가 몸과 마음에 흘러넘치게 만들어 준다. 무엇보다도 기분이 좋아진다. 이 상상은 나를 이끌어 줄 것이다. 방향과 흐름이 생긴다. 그리고 내가 지금 욕망하는 것들을 확인할 수 있다. 보다 나를 더 이해할 수 있게 된다. 아직 오지 않은 미래이지만 동시에 지금 일어나고 있는 현재이기도 하다. 그리고 변화하고 싶은 지점을 찾아낼 수 있다. 이 변화하고 싶은 마음이 내가 누구인지 알려줄 것이며, 나를 이끌어 갈 것이다.

✓ 자기이해 체크리스트 6 Check List

"10년 뒤 나의 미래는 어떻게 될까?"

자기이해: 나의 미래 상상해 보기

- 10년 뒤의 오늘이라고 상상해 보자. 내가 바라는 미래는 어떠한 모습인가. 그날의 일기를 지금 써보자. 하루의 스케줄을 적어도 좋다. 어떤 사람들을 만나고, 어떤 이야기를 하며, 어떤 일을 하고 있는가. 찬찬히 써 내려가 보자.

_____

_____

- 10년 뒤의 오늘을 역순으로 생각해보자. 그날을 살기 위해서 나는 어떤 장면들을 거쳐 왔는가. 5가지 장면일 수도 있고, 10가지 장면일 수도 있다. 10년 뒤의 오늘과 지금의 오늘까지 거꾸로 그 지점들을 적어보자. 가능하다면 시각화 시켜보자. 직접 그리든, 잡지에서 오려 붙이든, PPT로 만들던 상관없다. 그 장면을 생생하게 보여줄 수 있는 이미지면 된다. 그리고 그 밑에 이야기를 써보자.

_____

_____

13. 죽음: 메멘토 모리

"당신에게 위안을 주려는 사람이라고 해서
그가 하는 일처럼 소박하고 평온하게 산다고 생각하지 마라.
그 역시 어려움과 슬픔 속에서 살고 있으며
당신보다 훨씬 더 뒤쳐져 있을 수 있다.
그렇지 않다면 그 좋은 말들을 결코 찾아낼 수 없었을 것이다."
- 라이너 마리아 릴케

설날 연휴에 외할머니와 엄마, 아빠와 함께 외할아버지가 계신 부산추모공원을 다녀왔다. 23년 5월에 외할아버지는 이 세상을 떠나셨다. 처음으로 외할아버지가 없는 설날을 외할머니는 보내셨다. 그래서인지 평소와 다르게 기운이 조금은 없어 보이셨다.

명절이라 그런지 추모공원에는 사람들이 참 많았다. 가족들과 함께 소중한 이를 추모하러 온 사람들을 보니 생전 처음 본 이들이지만 왠지 모를 연결감을 느꼈다. 소중한 누군가를 잃은 슬픔을 겪었고, 같은 날, 같은 시간 떠나간 이를 그리워해서였을까.

외할아버지에게 절을 드리고 나서 근처에 계신 분들도 보았다. 외할머니가 말하길 최근에 돌아가신 이웃집 할아버지가 우연히 같은 구역에 안치되셨다고 한다. 사람 인연이 이렇게 이어질 수도 있구나 싶었다.

옆 구역에 추모하러 온 분들이 눈에 들어왔다. 말없이 소중한 이의 봉안당을 바라보며, 하염없이 눈물을 흘리고 계시는 여성분이 있었다. 그분의 옆에는 남편과 딸들이 있었다. 딸들도 눈물이 조금씩 나는 거 같았다. 훗날 내가 이 세상을 떠났을 때 나를 그리워하며 눈물을 흘리는 이들은 누구일까 궁금해지기도 했다.

조금 걷다 보니 유독 사진들이 가득 붙여진 곳이 있었다. 1988년생의 여자 분이었다. 마흔도 되지 않은 젊은 나이에 세상을 떠난 것이다. 나와 비슷한 나이라 마음이 좀 이상했다. 할아버지, 할머니, 아버지, 어머니와 같은 이들이 대부분이었는데 젊은 청년이 있으니 더 먹먹했다. 붙여진 사진들에는 고인과 사람들이 함께 활짝 웃고 있는 사진들이 참 많았다. 많은 이들이 고인과 함께 행복했던, 기뻤던 순간들을 그리워하는구나 싶었다.

얼마 전 보았던 고레에다 히로카즈 감독의 영화 〈원더풀

라이프〉가 생각났다. 세상을 떠난 사람들이 천국으로 가기 전 머무는 중간역 '림보'라는 곳에서 7일간 머물며 인생에서 가장 소중한 기억 하나를 골라야 한다는 내용의 영화였다. 림보의 직원들은 그 소중한 추억을 짧은 영화로 재현해 그들을 영원으로 인도한다.

내가 태어난 연도와 시간은 알지만 언제 이 세상을 떠날지는 알 수가 없다. 어떤 해에 어떤 날, 어떤 시간에 어떻게 죽을지 아는 사람은 없다. 그때가 언제인지 알 수 없지만 난 어떤 장면을 고를까? 우리 엄마, 아빠, 외할머니는 어떤 장면을 고를까. 그리고 세상을 떠난 외할아버지는 어떤 장면을 골랐을까?

어떤 장면을 고를지는 모르겠지만 소중한 사람들과 함께 이 이야기를 꼭 나눠보고 싶어졌다. 나의 죽음을 기억하다 보니, 소중한 장면을 생각하다 보니 지금 내게 주어진 삶이 참 감사해졌다. 그리고 아직 내가 경험하지 못한 아름다운 장면, 소중한 기억들이 궁금해진다.

메멘토 모리, 라틴어로 '죽음을 기억하라'는 뜻이다. 우리의 삶은 죽음을 향해 가는 길에 있음을 우리는 잊고 산다. 훗날 죽음에 임박했을 때, 그때의 내가 지금의 내게 건네고 싶은 말은 무엇일까. 100살 즈음에 지금의 나를 떠올리면 어떤 이야기를 해주고 싶을까.

 인생에서 가장 소중한 기억 하나, 그때의 내가 지금의 내게 건네고 싶은 이야기는 지금을 잘 살아갈 수 있는 동력이 될 것이다.

✓ 자기이해 체크리스트 7　Check List

"나의 죽음을 어떻게 기억하고 싶은가?"

자기이해: 나의 죽음 헤아려보기

- 100살 즈음의 내가, 지금의 나에게 어떤 이야기를 해주고 싶을까?

　_____

　_____

- 지금까지 살아온 인생에서 가장 소중한 기억 하나를 고른다면 어떤 기억을 고를 것인가? 그 장면을 한번 그려보자.

14.
미리 써보는 부고문

10년이 지나도 변하지 않는 고민들이 있다는 것과
그 고민들에 대한 해결책들을 완전히 얻지 못한 지금의 모습이 묘했다.
10년이 지난 지금의 나는 어떤 모습으로 어떤 고민들을 가지고 살아가고 있을까?
- 2013년 12월 19일, 저자 SNS 글 중에서

연말이 되면 우리는 한 해를 되돌아보는 시간을 가진다. 만약 내 삶의 끝에서 인생을 회고해 본다면, 그리고 부고문을 스스로 직접 써본다면 어떻게 쓸 것인가? 수십 년 뒤에나 나올 나의 부고문을 지금 써본다면 삶에서 중요한 나만의 가치를 찾을 수 있다.

특별한 형식은 없다. 한 번에 끝낼 필요도 없다. 일과 관계, 꿈과 희망, 실패와 좌절, 기쁨과 즐거움 등 아직 오지 않은 미래를 마치 경험한 것처럼 써 내려가보는 것이다. 펜으로 생각나는 대로 써도 좋고, 컴퓨터 앞에서 키보드를 두드리며 마치 피아니스트처럼 써봐도 좋다. 수십 년의 간격을 뛰어넘는 상상력만 있으면 된다. 부고문을 쓰는 데 도움이 될까 하여 나의 부고문을 공유한다.

[부고] 진로고민이 있는 사람들의 변화와 성장을 도운 진로교육가, 김범준 별세.

30대 때부터 120살까지 건강하게, 나답게 살겠다며 주변 사람들에게 이야기했던 진로교육가 김범준 씨는 신비하게도 자신의 말처럼 120세로 별세했다. 그는 자신의 변화와 성장을 바탕으로 진로고민이 있는 사람들의 변화와 성장을 도왔던 코치이자, 작가, 강사였다. 청소년에서부터 청년, 중장년, 노인에 이르기까지 다양한 연령들을 대상으로 강연을 해온 이야기꾼이다.

2~3년에 한 번씩 스피치 대회, 강연 대회, 이야기 대회를 나갔던 그는 자신만의 이야기 올림픽을 100살까지 시행했다. "연말 정산보다 중요한 것은 이야기 정산이다"라는 말을 자신의 삶에서 지속적으로 실천했다. 그는 마이크를 잡고 이야기를 하는 걸 좋아했기에 꾸준한 도전을 계속했다. 이후 세계 스피치 대회에도 나가 '이야기 국가대표'라는 닉네임이 생기기

도 했다. 그리고 직접 이야기 대회를 기획하고 주최하여 많은 사람들이 누구나 자신의 이야기를 할 수 있는 자리를 마련하기도 했다. 자신이 간직하고 있는, 품고 있는 '이야기'의 가치를 그 누구보다도 믿었다.

그 대회에 참가했던 A는 이렇게 말했다. "이 대회를 통해서 저 자신을 보다 더 깊이 이해하게 됐어요. 제가 어떤 이야기를 지금 제일 하고 싶은지를 찾다 보니 앞으로 어떻게 살고 싶은지를 알게 됐죠. 어떤 두려움을 가졌는지, 어떤 꿈을 가지고 싶은지를 알 수 있었어요. 이 대회를 열어준 범준님에게 감사해요."

그의 가장 가까운 친구이자 아내는 그의 유머가 참 사랑스러웠다고 했다. 또 장난기가 있으면서도, 상대방의 마음을 배려하며 미소 짓게 해주는 사람이자 세상에서 제일 잘 들어주는 사람이 그라고 했다. 공동 서재에서 각자 좋아하는 작가의 책을 읽으며, 좋아하는 사람의 음악을 들으며 이야기를 나눴던 시간을 그도 참 행복해했고 좋아했다고 말했다. 그의 서재에는 '구본형', '빅터 프랭클', '헤르만 헤세', '법정 스님', '김호' 등 좋아하는 작가의 책 1000권이 있다.

그는 래퍼이기도 했다. 예전에 인기리에 방영했던 '쇼미더머니'에 지원을 하기도 했던 그는 이후에 자신만의 랩 앨범을 만들었다. 랩 주제는 주로 두려움과 용기, 빛과 어둠, 사랑에 대한 것이었다. 앨범 [영웅의 여정]에선 조셉 캠벨의 말을 인용하며 "자신이 들어가기 가장 두려워하는 동굴에 자신이 찾는 보물이 있다"라는 메시지를 담아 대중들에게 용기를 선물했다. 그리고 그 용기는 '자신을 향한 친절과 사랑'에서 나온다고 자주 말했다. 어린 시절 발표 겁쟁이였던 그가 어떻게 발표 두려움을 이겨내고 이야기하는 삶이 되었는지에 대한 내용이 담긴 '어두움을 품은 밝음'이라는 곡은 많은 이들에게 시도할 용기를 주었고 자신에 대한 사랑을 생각하게 해주었다.

'두려움에도 불구하고 무언가를 시도할 용기'는 그가 쓴 책과 만든 음악과 강의, 살아온 삶에 고스란히 담겼다. 그가 마지막 강의에서 한 말로 글을 마치려 한다.
"있는 그대로의 나를 수용하고 조금씩 사랑하게 된다면 자연스레 두렵지만 무언가를 시작할 용기가 날 겁니다. 늦은 인생은 없어요. 각자의 속도와 방향이 있을 뿐입니다. 그저 자신의 삶을 사세요."

✓ 자기이해 체크리스트 8 Check List

"나의 부고문을 써보자"

자기이해: 나의 부고문 쓰기

- 만약 삶의 끝에서 살아온 나날들을 회고해 본다면, 그리고 부고문을 스스로 직접 써본다면 어떻게 쓸 것인가. 형식은 자유다. 부고문 제목과 내용을 여유를 가지며 천천히 써보자.

_____

_____

_____

_____

15.
도구 활용:
질문카드

이제 평생직장의 시대는 없다. 그리고 평생직업도 없다.
직업을 뛰어넘는 자신만의 핵심역량과 콘텐츠가 있는 사람만이
자신이 바라는 삶을 살 수 있는 시대다.
- 2016년 2월 13일, 저자 SNS 글 중에서

나를 알다가도 모를 때가 있다. 그럴 때 필요한 것은 꾸준한 '자기와의 대화'다. 단 한 번의 관찰과 성찰로 나를 깊이 이해할 수는 없다. 내일의 나는 오늘의 나와 다를 수 있기에. 그렇기에 스스로를 꾸준히 기록해 나갈 수 있는 도구가 필요하다.

날씨처럼 우리의 생각과 감정은 왔다 갔다 한다. 그리고 계절처럼 어떤 시기의 나와 지금의 나는 다른 사람이기도 하다. 알다가도 모르겠는 자기 자신, 그럴 때는 그 당시의 나의 생각과 감정과 느낌을 꾸준히 기록하는 것이 보다 더 자신을 이해할 수 있는 좋은 방법 중 하나다. 기록하다 보면 나와 인사하

게 되고, 마주하게 되고, 내다보게 된다.

질문카드, 스스로와의 대화를 시작하게 하는 도구

그중 좋은 툴이 질문카드다. 질문은 스스로와의 대화를 시작하게 만드는 힘이 있다. 무료로 좋은 질문을 하루에 한 장씩 뽑을 수 있는 애플리케이션이 있으니, 이름하여 '무브유어마인드'라는 회사에서 만든 '질문카드일기'다.

현재 총 4개의 카드 종류가 있다. 한 카드에는 40개의 질문이 있다. 4개의 카드 종류 중 하나를 클릭하면 그중에서 하나가 랜덤으로 나온다. 올해 초부터 본격적으로 이 어플리케이션을 써왔는데 어제 160장의 모든 카드를 다 뽑았다. 나를 이해할 수 있는 좋은 질문들이 정말 많았다.

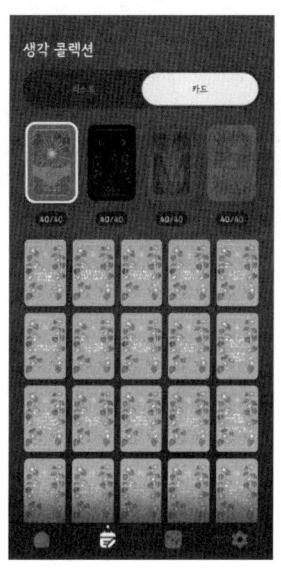

대답한 카드들은 한눈에 볼 수 있게 정리도 잘 되어 있다. 그리고 같은 질문에 다른 사람들은 어떠한 대답들을 했는지도 볼 수 있어 재밌다.

나의 과거와 현재, 미래를 들여다볼 수 있는 좋은 질문들이 많다. 쉽게 대답할 수 있는 질문들뿐 아니라 생각의 시간이 필요한 질문들도 있다. 하루에 하나씩 질문에 대해 글을 짧게라

 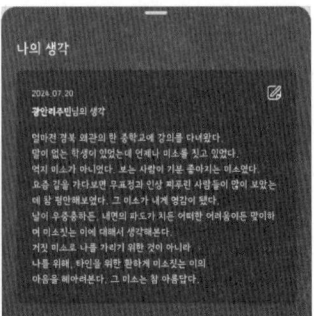

도 써나가는 행위는 내 호흡을 찾아가는 과정이다. 여기에는 나의 관심사와 흥미, 가치관, 역사, 꿈과 비전, 욕망 등 다양한 것들이 담긴다. 질문들을 통해서 써 내려가는 답변들은 마치 퍼즐 조각 같다. 하나의 퍼즐 조각은 의미가 덜하지만, 여러 퍼즐 조각들을 모으고 모으다 보면 어떤 그림인지 형태가 서서히 드러나는 것처럼 꾸준한 글쓰기는 나를 보다 더 알게 해준다. 운동을 꾸준히 하면 근육이 자라는 것처럼 자기이해를 꾸준히 하다 보면 그 근육이 늘어난다. 오늘 우연히 나온 질문은 무엇인가. 그 질문은 보다 더 나를 알게 해줄 것이다.

✓ 자기이해 체크리스트 9 Check List

"나를 더 잘 알게 되는 '나에게 질문하기'"

자기이해: 나에게 질문하기

- 요즘 신나게 대답할 수 있는 질문은 어떤 질문인가요?
  _____
  _____

- 지금 대답하기 어려운 질문은 어떤 질문인가요?
  _____
  _____

- 지금 내게 필요한 질문은 어떤 질문인가요?
  _____
  _____

16.
주변인물: 사람과 사람

> 오랜만에 온 부산,
> 약속 시간이 조금 남아서 오랜만에 학교 도서관을 들렀다.(중략)
> 우리 모두 인생이라는 똑같은 궤도에서 다르게 걷고 있을 뿐이다.
> 각자의 사투를 벌이고 있다.
> - 2016년 12월 18일, 저자 SNS 글 중에서

예전에 읽었던 책 중에 《피터 드러커 자서전》이라는 책이 있다. 현대 경영학의 아버지라 불리며 멘토들의 멘토라 칭해지는 지성인이 바로 피터 드러커다. 이 책을 읽기 전에는 성공한 CEO나 정치인들이 자서전을 쓰는 것처럼 어린 시절, 청년 시절, 장년 시절 등 자신을 기준으로 이야기가 흘러갈 것이라 생각했다.

하지만 이 책에서는 그렇지 않았다. 자신의 이야기가 직접적으로 나오지 않는다. 주인공은 피터 드러커가 아니었다. 이때까지 자신이 만나온 여러 인물들이 이야기의 중심이다. 그리고 그 인물들이 살아간 시대와 그들에 대한 생각을 자신이

써 내려가는 독특한 구성 방식이라 기억에 남았던 책이다.

피터 드러커가 개정판에서 말했듯이 영국에서 출판된 책의 부제는 '내 생애의 다른 사람들'이다. 그들과 나눈 대화, 그들에 대한 생각과 묘사, 그들과 함께했던 일들을 통해서 '피터 드러커'라는 인물이 자연스럽게 이해가 되었다.

내게 영향을 준 사람들과의 대화를 통해 온전히 나를 이해하라

피터 드러커뿐만 아니라 자신을 온전히 이해하는 방법 중 하나가 바로 이 방법일 수 있겠다는 생각이 들었다. 나에 대한 직접적인 서술이 아니더라도 '내게 영향을 준 사람들'과 '내가 기억하는 사람들'과 함께 나눈 대화들, 추억들, 기억들을 쓰다 보면 자신이 묻어나올 수밖에 없다.

나는 어떠한 사람들을 만나 왔는지, 그리고 어떤 사람들과 갈등이 있었으며 관계를 끊게 되었는지를 살펴보면 자신에 대해 보다 더 알 수 있다. 무엇보다 지금 내 주변에서 많은 영향을 주고 있는 사람들은 누구인가. 그 사람들을 호기심 있게, 관심 있게 관찰하다 보면 나에 대한 성찰이 나온다.

여태까지 만나온 사람들, 나를 떠나간 사람들, 아직까지 이어져온 인연들을 살펴보면 잃어버렸던 나의 퍼즐을 되찾게 될 수 있다. 그리고 지금까지 이어진 인연들 중 소중한 이들에게 한번 물어보라. 나는 누구이며, 나는 어떤 사람인지 말이다. 그들의 답변 속에는 내가 아는 부분도 있지만 인지하지 못했던 부분도 있을 것이다. 한 사람의 이야기는 하나의 의견일 수 있다. 여러 사람이 비슷한 패턴의 이야기를 한다면 그것이 내가 가진 중요한 요소 중 하나일 것이다.

그 말속에는 나의 흥미, 강점, 성격, 습관 등 다양한 것들이 포함되어 있다. 나 자신이 생각하는 나뿐 아니라 타인이 생각하는 '나'를 아는 것도 자기이해를 하는 데 도움이 된다. 내가 몰랐던 것들을 타인은 알고 있는 영역으로의 확장이 가능하게 된다.

나는 이 과정을 통해서 내가 '부드러운 리더십으로 사람들과의 편안한 연결을 유연하게 이끈다'라는 걸 알게 됐다. 또 단순히 유머러스하고, 유쾌한 성격을 넘어서 이를 활용해 사람들 간의 편안한 연결이 가능하도록 안전한 환경을 만드는 데 능하다는 말도 있었다.

스스로에게 묻는 것도 중요하지만 내 주변 인물들에게, 소중한 이들에게 한번 물어보자.

"나는 어떤 사람인가요? 나는 어떤 강점을 가지고 있나요? 나의 고유함은 무엇인가요?"

스스로는 몰랐지만 나의 반짝이는 부분을 포착하여 이야기해 줄지도 모른다. 그저 물어보면 된다.

✓ 자기이해 체크리스트 10 Check List

"사람들은 나에 대해 어떻게 알고 있는가?"

자기이해: 타인이 아는 나를 알아보기

- 내게 소중한 사람들은 누구인가? 그 사람들이 내게 소중한 이유는 무엇인가?
  _____
  _____

- 어떤 사람을 닮고 싶나? 내 주변의 인물뿐 아니라 영화와 드라마, 만화 속 인물도 좋다. 닮고 싶은 이유는 무엇인가?
  _____
  _____

- 지금 휴대폰을 꺼내보자. 그리고 소중한 사람들에게 나는 어떤 사람인지 물어보자. 솔직하게 말해보아도 좋다. 책을 읽다가 소중한 사람들에게 내가 누구인지 물어보라는 질문이 있어서 생각이 났다고 이야기해보자. 나는 당신에

게 어떤 존재인지, 나는 어떠한 사람인지 그들에게 다정히 물어보자.

_____

_____

17.
나를 한 단어,
한 문장으로
소개한다면?

당신을 놓치는 사람은 평생 후회하게 될 것이라는 자신감을 가져라.
당신은 앞으로 무한히 발전할 것이고,
당신의 노력은 세상 속에서 당신을 빛나게 할 것이다.
- 2015년 7월 1일, 저자 SNS 글 중에서

작년에 관악 라디오에 게스트로 초대되어 나갔다. 사전에 '나를 한 단어와 한 문장으로 소개한다면?'이라는 질문을 받았었다. 지금의 나를 한 단어와 한 문장으로 어떻게 소개할 수 있을지 고민이 됐다. 어려웠다. 한 단어와 한 문장으로 나를 충분히 설명할 수 없었다. 그래서 어렵게 생각하지 말고 '지금의 나'에서 생각나는 대로 해보자 싶었다. 부담을 내려놓자 술술 나왔다. 라디오에서 했던 자기소개는 이랬다.

"안녕하세요. 관악구 주민 김범준입니다. 지금의 저를 한 단어로 표현하면 '이야기 덕후'에요. 이야기를 듣는 것을 좋아하고요, 이야기를 하는 것도 좋아한답니다. 사람들의 이야기뿐만 아니라 책, 영화, 드라마, 음악, 웹툰 이야기도 좋아해요. 어릴 때부터 이야기를 좋아했고, 지금도 좋아하며, 앞으로도 좋아할 것 같습니다."

자기소개처럼 난 정말이지 이야기를 좋아하는 사람이다. 다양한 이야기를 좋아한다. 지금 블로그 닉네임도 '변화성장 이야기꾼'이다. 초등학생 때부터 이야기를 좋아했던 것 같다. 초등학교 6학년 때도 친구들끼리 누가 더 썰렁한 이야기를 잘하는지 등 이야기 대회를 스스로 열어보기도 했다. 4컷 만화를 그려서 누가 더 웃기고 기발한 만화를 그리는지와 같은 게임을 교실에서 만들기도 했다. 자기 전에는 위인전을 읽었다. 역사 속, 세계 속 여러 인물들의 전 생애를 보는 게 참 재미있었다. 중고등학교 때는 무협지, 판타지에 빠졌고, 대학교 때부터는 강연과 강의에 푹 빠져 지냈다. 강연과 강의, 워크숍, 코칭 등 교육 프로그램 형태도 짧거나 긴 이야기의 형태이기에 참 좋아한다. 내가 참여해서 듣는 것도 좋아하고 직접 진행하는 것도 좋아한다.

'이야기 덕후'라는 어린 시절부터 서사를 쌓아온 한 단어가 확장되어 한 문장으로 연결된 것만 같다. 지금 나를 잘 설명해

주는 한 문장은 "진로고민 하는 이야기 덕후이자 진로교육자"이다. 일에서 만나는 사람들이 주로 자신의 진로에 대해 고민하고 있거나 진로를 알고 싶어 하는 사람들이 많다. 그 사람들과 이야기를 많이 나눈다. 또 그들의 진로고민을 함께한다는 의미이기도 하지만 사실 내 진로고민도 계속하고 있는 중이기도 하다. 그러다 보니 진로고민하는 것이 어느덧 내 진로가 되었다. 여러 가지 교육과 활동을 하면서 지내고 있다.

앞으로도 스스로가 지니고 있는 이야기를 확인하고, 내가 가지고 싶은 이야기를 탐구하며 그것을 세상과 연결시켜나가는 모험을 계속 시도할 것이다. 자기모험 이전에 자기이해가 있다. 나를 잘 이해하기 위해서 지금의 나를 한 단어와 한 문장으로 표현해 보자. 여러 가지 단어들을 포스트잇에 써놓고 조합을 시켜도 좋다. ○○○ 잘하는 ○○○, □□□ 좋아하는 □□□ 등 자유롭게 스스로를 이야기해 보자. 그 정의와 정체성이 지금의 나를 표현해 줄 것이고, 내가 시도하고 싶은 모험이 나를 부를 것이다.

✓ 자기이해 체크리스트 11 Check List

"나를 잘 표현할 수 있는 문장은 무엇인가?"

자기이해: '나'를 잘 표현하는 단어, 문장 만들기

- 나를 표현할 수 있는 단어를 자유롭게, 다양하게 아래에 써본다면?

_____
_____

- 나를 한 단어로 표현한다면?

_____
_____

- 위의 단어들을 조합해서 나를 한 문장으로 소개해 본다면?

ex) ○○○을 하는 ○○○

□□□을 위해 □□□을 하는 □□□.

_____
_____

"나의 마음을 어떻게 다독일까?"

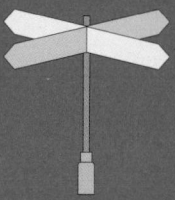

시작
둘,
자기돌봄: 나를 위한 다정함

1. 정서적 건강이 먼저다

아주 어렸을 때 인디아나존스를 보면서
나도 모험가가 되어야지 생각했었는데ㅋㅋ
인디아나존스 같은 모험가는 아니지만 내 인생의 모험가가 될 수 있길!
- 2012년 6월 13일, 저자 SNS 글 중에서

과거의 오늘
10년 전

 김범준
2012년 6월 13일 · 부산광역시 ·

중도에서 심리학 공부하다가
감동받는 문구 발견ㅋㅋ

모험실행 : 정서적으로 건강한 사람은 모험을 할 수 있다.
자기가 인생에서 진정으로 원하는 것이 무엇인가를 곰곰이
생각해보고 모험을 시도하며 인생을 개척한다.

어떻게보면
누구나 알고있는 말이고 단순한 말인데
왠지 모를 감동이...

아주 어렸을 때 인디아나존스를 보면서
나도 모험가가 되어야지
생각했었는데ㅋㅋㅋ

인디아나 존스같은 모험가는 아니지만
저 위의 말처럼
내 인생의 모험가가
될수 있길!

"모험실행: 정서적으로 건강한 사람은 모험을 할 수 있다. 자기가 인생에서 진정으로 원하는 것이 무엇인가를 곰곰이 생각해보고 모험을 시도하며 인생을 개척한다."

- 13년 전, 이름 모를 어느 심리학 전공 서적에서

13년 전, 학교 중앙도서관에서 교양과목인 심리학 시험공부를 하다가 발견한 문장이다. 책을 읽다가 멈춤을 일으키는 문장이 있는데, 이 글이 그랬다.

모험은 자기 자신을 발견할 수 있는 가장 좋은 수단이자, 우리 인생 그 자체이다. 자신에게 진정으로 원하는 것이 무엇인가 묻고, 그 물음에 대한 해답을 찾기 위한 시도이자, 실행이다. 아무 일도 하지 않으면 아무런 일도 일어나지 않는 것처럼 자기 자신을 들여다보고 세상과 나의 연결점을 찾기 위한 여정이 바로 모험실행이자 자기모험이다.

2012년 6월, 이 문장을 올리고 모험을 떠났다. 학교를 휴학해서 스타트업에서 콘텐츠 기획과 교육을 해보기도 했다. 강남역 한복판의 대기업에서 인턴을 하며 직장인의 애환을 잠깐 경험해 보기도 했다. 소셜벤처 경연 대회를 준비하며 창업을 경험하기도 했고, 좋아하는 일을 업으로 하기 위해서 기업교육팀에서 일을 하기도 했다.

자기 자신을 찾기 위한 여정이었다. 중간 중간 두려운 순간도 많았다. 그 순간은 거창한 것이 아니었다. 스타트업에서 처음 일할 때 전화를 받는 단순 업무뿐 아니라 대표님에게 아이디어를 간단하게 PPT로 만들어 공유하는 것조차도 내겐 도전이었다.

그 두려움에서 도망친 적도 있었다. 평생교육사 2급 실습을 할 때 정서적으로 건강하지 못해 핑계를 대고 도망친 경험도 있었다. 그랬기에 저 문장이 너무나도 공감이 갔다. 정서적으로 건강하지 못하면 모험을 떠나기 힘들다. 자기모험을 위해서는 마음 건강이 우선이다. 물론 모험을 떠나면서 겪는 경험 자체가 할 수 있다는 자신감과 자기효능감을 느끼게 해주기도 하지만 정서적으로 건강하지 못하면 나와 세상의 연결점을 찾는 모험의 시작부터가 힘들다. 작은 일조차 거대하게 느껴진다. '나는 충분하지 못해', '나는 할 수 없어'라는 내면의 소리가 계속해서 맴돈다. 모험을 위해선 마음의 건강이 먼저다.

정서적 건강을 찾기 위한 두 가지 방법

그렇다면 정서적으로 건강하기 위해서는 어떻게 해야 하는가? 내가 자주 쓰고 있는 방법은 2가지다.

첫 번째, why를 찾고 수용하는 것, 그리고 개선하는 것이다.

정서적으로 건강하지 못한 이유가 명확하진 않더라도 큰 비중을 차지하는 것이 있다. 무언가에서 도망친 자신에 대한 자책일 수도 있고, 타인이 내게 쏟아 붓는 칼과 같은 말일 수도 있다. 뼈가 부러진 사람이 깁스를 하고 보호하는 것처럼 우선 나를 보호하고 돌봐줄 필요가 있다.

자책하는 나를 보며 또 자책하는 이 악순환을 멈춰야 한다. 두 번째 화살을 쏘는 것을 그만해야 한다. 이상적이지 못한 나 스스로에게 손가락질하고 쓴소리를 하는 나 자신을 힘들겠지만 있는 그대로 수용하고 받아들여야 한다. 그리고 나에게 좋지 않은 영향을 주는 이들과는 거리를 두고, 에너지를 주는 이들과 자주 이야기하고 만나야 한다. 상처의 가해자로부터 거리를 두되, 상처를 아물게 해주는 소중한 이들을 가까이 해야 한다. 나를 정서적으로 힘들게 하는 why를 찾고 이 why를 해결할 수 있는 해답을 일상에서 조금씩 해나가야 한다.

두 번째, 내게 힘이 되는 일상의 행동 반복하기.

첫 번째 방법의 why를 찾기 힘들 때가 있다. 그리고 why를 개선하기 힘들 때도 있다. 내게 상처를 주는 사람이 매일매일 봐야 하는 직장상사라면 이는 쉽지 않다. 개선할 수 없다면 내게 좋은 에너지를 주는 것을 일상 속에 스며들게 하는 게 좋다. 바로 루틴, 리추얼, 습관을 통해서 내게 힘을 주는 작은 행동을 반복하는 것이다.

누군가에게 그것은 글쓰기일 수도 있고, 노래를 들으며 동네를 가볍게 산책하는 것일 수도 있다. 방 안에서 매트를 깔고 명상과 요가를 하는 것일 수도 있다. 새벽에 수영을 가는 것일 수도 있다. 우선 여러 가지 활동을 직접 해봐야 안다. 내게 평온함과 편안함을 주는 일상 속 루틴은 무엇인지를. 정서적 건강도 근육이 크는 것과 비슷하다. 단번에 나아지는 것이 아니라 차츰차츰 쌓여감에 따라서 좋아지는 영역이다. 내게 지루함과 불편함을 주는 행동이 아니라, 누가 뭐라고 해도 계속해서 하고 싶고 하고 나면 개운함과 만족감을 주는 행동은 사람마다 다르다.

혼자서 하기 힘들다면 '밑미'와 '넷플연가'라는 플랫폼에서 함께 해봐도 좋다. 온라인과 오프라인에서 사람들과 함께 꾸준히 무언가(글쓰기, 명상, 문장 수집 등)를 해낼 수 있는 커뮤니

티다. 무언가를 꾸준히 해온 한 사람이 주도적으로 이끄는 곳에서 뜻이 맞는 이들과 함께 루틴, 리추얼, 모임을 하다 보면 내게 살아갈 힘을 주는 것을 찾을 수 있으리라.

너무 늦게 일어나 하루를 지고 시작하는 기분이 든다면, 오전이 없는 삶에서 오전이 살아난 삶으로 변화를 원하는 사람들에게는 '모닝프렌즈'라는 아침 명상 모임을 추천한다. 평일 아침 9시, 온라인으로 ZOOM에서 만나서 30분 동안 가벼운 명상과 바디스캔, 이야기를 나누는 곳이다. 누군가에게 잘 보이기 위한 자기소개가 아니라 나의 존재를 있는 그대로 바라보고 표현하는 존재소개와 하루를 어떤 감정과 키워드로 보내고 싶은지 이야기를 하고 나면 오늘을 활기차게 시작할 수 있다. 하루를 지낼 힘을 충전하며 회복되는 기분이 든다.

두려움과 불안을 느끼는 건 어찌 보면 당연하다. 해보지 않은 일과 떠나지 않아 본 모험을 하는 이들 중 설렘만을 느끼는 사람은 없다. 실패하면 어쩌나, 실수하면 어쩌나, 다른 사람들이 욕하면 어쩌나, 돌이킬 수 없는 행동은 아닐까 하는 생각은 자연스러운 생각이다. 그리고 그 생각으로 일어난 불안함과 두려움은 자연스러운 감정이다. 감정 자체는 내가 아니다. 정서적 건강도 나의 전부는 아니다. 일부분일 뿐이다. 감정을 회피하는 것이 아니라 온전히 받아들이고 내가 할 수 있는 것들을 조금씩 해나갈 때 그 건강은 다시 회복할 수 있다.

✓ 자기돌봄 체크리스트 1   Check List

"마음 건강을 위해 나는 무엇을 해야 할까?"
자기돌봄: 정서적 건강 알아보기

- 정서적 건강을 위해서 요즘 내가 자주 쓰고 있는 방법은?

    1.
    2.
    3.

- 그럼에도 불구하고 마음 건강이 좋지 않다면 그 이유는? 만약 마음 건강이 좋다면 그 이유는?

    _____

    _____

- 힘이 되는, 힘이 나는 일상을 위해 이번 주에 해보고 싶은 행동은 무엇인가?

    1.
    2.
    3.

2. 두려움과 불안을 마주하기

"기업이건 사람이건 때때로 과거를 정리하고 미래를 생각해 보아야 한다.
속이 빈 대나무가 마디 때문에 30m까지 자랄 수 있는 것처럼,
이러한 과정이 있어야 사람도 기업도 성장할 수 있다."
- 혼다의 창업자 혼다 소오이치로

진로고민을 할 때 누구에게나 두려움과 불안이 있다. 이 일을 계속하는 것이 맞을지, 다른 일을 한다면 어떤 일을 할 수 있을지 등 여러 생각들이 나를 불안하게, 두렵게 만든다. 어떨 때는 자신감이 넘쳤다가 어떨 때는 무력감과 무기력함이 나를 감쌀 때도 있다. 이 감정은 자연스러운 감정이다. 1년을 일하든 10년을 일하든, 스스로에게 느껴지는 결핍과 충분치 못함은 우리를 못살게 군다.

그럴 때일수록 이 두려움과 불안을 회피할 것이 아니라 마주해야 할 시기다. 나에게 부정적인 감정을 느끼게 하는 이 고민들은 내가 앞으로 걸어 나가야 할 방향과 가치를 알려주는

중요한 시그널이다. 이 시그널에 귀를 기울이고, 마주하다 보면 어떤 해답이 나오기보다는 질문들이 나온다. 나는 무엇을 중요하게 여기는지, 어떤 일을 좋아하고 싫어하는지, 어떤 업무환경에서 어떤 사람들과 일을 하고 싶은지 등 나를 알게 하는 질문이 끊임없이 펼쳐진다. 쉽지 않은 질문이지만 이 질문에 하나씩 일상 속에서 해답을 찾다보면 두려움과 불안이라는 안개를 걷히게 할 수 있다.

친구 K는 A 증권사에서 대리까지 일을 하다가 관뒀다. 대학교에서 경영학을 전공했던 친구는 치열한 경쟁을 통해 증권사를 들어왔지만 하던 일들 속에서 가치를 크게 느끼지 못했다. 오히려 자신이 중요시하게 여기던 가치에 어긋나는 일들을 계속해야 했기에 괴로워했다. 그리고 이내 두려움과 불안에 휩싸였다. 나는 왜 이렇게 힘들게 일을 하고 있을까, 내가 중요하게 여기는 가치는 무엇인가, 다른 일을 한다면 어떤 일을 해볼 수 있을까 등 쉽게 대답할 수 없는 여러 질문들이 이 친구에게 쏟아져 나왔고 방황의 시기를 보냈다. 퇴근 후의 시간들, 주말 시간에 여러 취미들을 했지만 그의 두려움과 불안을 완전히 해소시켜 주진 못했다. 일시적으로 느끼지 못하게 할 뿐이었다. 더 이상 이렇게 살 수는 없다는 절박함에 그는 두려움과 불안을 마주했다. 쉽사리 대답할 수 없는 질문에 자신만의 해답을 찾기 위한 길을 나섰다.

 자신과 같은 고민을 한 사람들의 인터뷰를 찾아보기도 하고, 직업을 전환한 지인들을 만나서 이야기도 들었다. 이 노력들은 자기가 지닌 질문들에 대한 해답을 찾기 위한 발걸음이었다. 그 발걸음 자체에는 두려움과 불안에도 불구하고 스스로를 움직이게 하는 힘이 있다. 그리고 자신을 알게 하는 힘도 동시에 존재한다. 결국 그 친구는 자신에게 맞는 일을 찾았다. 20대 후반에 장교로 임관하여 직업군인의 삶을 시작했다. 지금은 그때 다녔던 직장보다 훨씬 만족해하며 일을 하고 있다.

 이렇듯 두려움과 불안을 마주하는 것은 나에게 중요한 질문을 찾게 해준다. 그리고 이 질문은 해답을 찾기 위한 좋은 시작점이 된다. 물론 몸과 마음이 건강하지 않을 때는 이 질문을 회피하기 쉽다. 특히나 마음이 힘들 때는 모든 게 다 어렵고, 귀찮다. 그래서 앞서 말한 것처럼 정서적 건강을 챙기는 게 중요한 것이다. 생각보다 두려움과 불안을 들여다보는 건 에너지 소진이 크다. 체력적 소모가 어마어마하니 몸을 돌보며 해나가야 한다. 몸과 마음을 돌보는 건 그래서 아주 중요한 일이다.

✓ 자기돌봄 체크리스트 2　Check List

"나를 두렵거나 불안하게 만드는 것은 무엇인가?"

자기돌봄: 두려움과 불안 알아보기

- 요즘 나를 두렵게 하거나 불안하게 만드는 것은 무엇인가?
  _____
  _____

- 이 감정들이 내게 보내는 신호는 무엇일까? 어떤 질문을 스스로에게 할 수 있을까?
  _____
  _____

- 이 질문에 대한 해답을 어떻게 찾을 수 있을까? 혹은 해답을 만들어 가기 위한 작은 시작이 있다면 무엇일까?
  _____
  _____

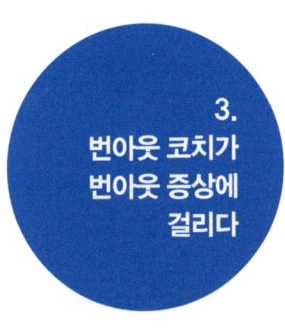

3.
번아웃 코치가
번아웃 증상에
걸리다

"일과 삶에 보람을 느끼고 충실감에 넘쳐 신나게 일하던 사람이
어떤 이유에서건 그 보람을 잃고 돌연히 슬럼프에 빠지게 되는 현상이다."
- 시사상식사전, 〈번아웃 증후군〉

2022년 여름, 나는 서울시민대학에서 번아웃 탈출 워크숍을 진행했었다. 하지만 한 가지 비밀이 있었다. 코치인 나도 번아웃과 유사한 증상을 한두 달간 보이고 있다는 것이었다. 번아웃 탈출 워크숍을 진행하는 코치가 번아웃에 빠진 아이러니, 웃기지 않은가.

번아웃은 '의욕적으로 일에 몰두하던 사람이 신체적, 정신적 피로감을 크게 느끼고 무기력해지는 현상'이다. 강의로 전국 팔도를 유랑하던 청소년 진로교육 강사이자, 청년들과 함께 진로를 고민하는 진로코치이기도 한 내가 번아웃 경고 증상이 있을 줄은 몰랐다.

번아웃 경고 증상으로,
1) 기력이 없고 쇠약해진 느낌이 든다.
2) 쉽게 짜증이 나고 노여움이 솟는다.
3) 하는 일이 부질없어 보이다가도 오히려 열성적으로 업무에 충실한 모순적인 상태가 지속되다가 갑자기 모든 것이 급속도로 무너져 내린다.
4) 만성적으로 감기, 요통, 두통과 같은 질환에 시달린다.
5) 감정의 소진이 심해 '우울하다'라고 표현하기 힘들 정도의 에너지 고갈 상태를 보인다.
이 다섯 가지인데, 1번과 2번, 3번이 내게 해당된다.
7월부터 일을 할 때나 사람을 만날 때나 쉽게 지치고, 기력이 없었다. 코로나 후유증인지, 날이 더워서인지, 일정이 많아서인지는 모르겠지만 에너지가 많이 떨어졌었다. 마음의 여유나 숨 쉴 틈이 없어진 느낌도 들었다. 스스로에 대한 짜증도 늘었다. 그 짜증은 번아웃 경고 증상 3번으로 연결이 되었는데, 특히나 청소년 진로교육 강의가 잘 되지 않는 날에는 하는 일이 부질없어 보였고 내가 지금 여기서 뭐 하고 있나 싶었다.

그렇다. 나는 청소년 진로교육에 대한 재미와 의미가 떨어진 상태였다. 간혹 예의 없이 행동하는 아이들을 볼 때면, 아무리 노력해도 듣지 않는 학생들을 볼 때면(물론 소수였다) 너그럽게 수용하는 척했지만 속으로 빡쳤다. 나한테도 화가 났다. 이때까지 갈고닦은 강의력이 겨우 그 정도냐고 되물었다. 억지로 만든 텐션을 내서 수업을 마무리하면 바로 집으로 가 침대에 드러눕고 싶었다. 에너지도 소진되고 감정도 소진되어 우울감이 들기도 했다.

"즉, 일과 삶에 보람을 느끼고 충실감에 넘쳐 신나게 일하던 사람이 어떤 이유에서건 그 보람을 잃고 돌연히 슬럼프에 빠지게 되는 현상이다."

- 시사상식사전, 〈번아웃 증후군〉

그 현상이 내 일상에서 벌어지고 있었다. 신나지 않았고, 충실감은 옅어졌으며 일과 삶에 그다지 보람을 느끼지 못했다. 휴식과 충전이 필요한 때였다. 하지만 일이 없을 때 누워서 웹툰을 아무리 많이 보고, 유튜브를 몇 시간을 봐도 기운이 나지 않았다. 나는 번아웃을 현명하게 대처하지 못하고 있었던 것이다.

그래서 스스로를 번아웃 탈출 워크숍 참가자라고 생각해보기로 했다. 과연 내가 참가자라면 그에게 어떤 태도를 가질 것이며, 무슨 말을 해줄 것인가. 그리고 함께 어떤 이야기를 나누고, 내 삶에서 어떤 것을 바꾸어볼 것인가 질문해 보기로 했다.

번아웃 탈출법, 최대한 나를 껴안아줘라

우선, 그동안 애써왔던 자신에 대해서 아낌없이 '수고했다'며 있는 그대로의 나를 받아들이는 것이 먼저였다. 번아웃 탈출 워크숍을 진행하고 있는 코치이지만 번아웃에 걸린 나를 인정했다. 그리고 이를 워크숍 참가자들에게 고백했다.

"여러분, 사실 고백할 게 있어요. 번아웃 워크숍을 진행하고 있는 코치이지만 제가 요즘…. 번아웃 증상이 있는 거 같아요."

참가자들은 나의 이야기를 진심으로 들어주었고, 충분히 그럴 수 있다며 수용해 주었다. 그들이 내게 코치였다. 서로가 서로에게 코치가 되어 줄 수 있음을 경험했다.

그리고 나 자신과 타인의 이상에 부합하는 삶을 살지 못하는 순간에도 내가 내 편을 들어주려고 노력했다. 칭찬일기, 감사일기 등 여러 툴을 통해서 최대한 나를 껴안아줬다.

이렇게 하니 마치 배터리가 0%로 되어가던 스마트폰에서 15%로 조금은 충전된 느낌이 들었다. 무언가를 좀 해볼 수 있겠다는 생각이 들었고, 에너지가 생겼다. 그래서 집 근처 공원으로 산책을 나가는 루틴을 만들었다. 때로는 따릉이를 타고 가고, 어떨 때는 좋아하는 음악을 들으며 걸었다. 그리고 그 공원에서 가볍게 뛰었다. 몸의 감각을 느끼니 생각의 소용돌이에서 잠시 벗어나는 것 같았다. 몸은 쉬지 않지만 뇌는 쉬는 기분이랄까. 습관적으로 누워서 웹툰을 보고, 유튜브를 보는 건 뇌가 끊임없이 어떤 자극을 받으니 휴식다운 휴식이 아니었다. 내게 맞는 휴식다운 휴식을 하는 게 두 번째였다.

나를 위한 활동을 꾸준히 하다 보니 50%로 충전된 기분이었다. 그리고 이제 일의 영역을 생각했다. 지금과 다른 일을 하고 싶은가? 아니었다. 나는 내 일을 여전히 좋아했다. 나의 변화와 성장을 통해서, 사람들의 변화와 성장을 돕는 일을 계속해서 하고 싶었다. 그래서 지금 하는 일을 조금 더 들여다봤다. 그리고 내 역량의 한계를 인정하는 것과 일의 영역에서 조금은 다른 시도를 해보는 것은 약간의 활기와 에너지를 가져다줬다.

업무에서 완벽해지고, 완전해지려는 부담감을 내려놓고 그 과정을 즐길 수 있는 요소를 넣기 시작했다. 청소년 진로교육을 할 때 수업에 전혀 관심이 없이 나를 투명인간 취급하는 친구에게 호기심을 가지고 질문을 건넸다. 수업과 관련이 없는 질문일지라도 그냥 말을 걸었다. 그 학생은 대답을 해주었고, 대화를 나눴다. 물론 그 친구가 태도를 바꿔서 수업에 적극적으로 참여하는 극적인 변화는 없었지만 그 태도에 속으로 화나기보다 존중해 줄 수 있는 여유가 생겼다.

맨날 하던 농담과 드립, 사례를 조금은 다르게 전달해 보기도 했다. 익숙함이 아니라 낯선 곳으로 나를 밀어 넣으니 예측할 수 없는 신선한 흐름이 만들어졌다. 똑같은 시도를 하는 게 아니라 360도 중 1도라도 다르게 시도하는 것이 내게 에너지를 줬다.

내 역량의 한계를 인정하되 그 속에서 내가 할 수 있는 것을 찾는 것, 그리고 1도라도 다르게 시도해 보는 것이 번아웃에서 한 걸음 한 걸음 나올 수 있게 해줬다. 이로써 80%로 충전된 것 같다.

아마도 사람마다 겪는 번아웃 증후군의 증상은 조금씩 다를 것이다. 그러니 벗어나는 방법도 각자의 해답을 만들어 나가야 한다. 번아웃에 있어 1시간 만에 100% 완충되는 급속충전은 없다. 번아웃을 얼른 벗어나기 위해서 조급한 마음에 무리하다 보면 오히려 더 기운이 없어질 수 있다. 지금의 나를 대면하고, 받아들이되 뇌를 쉬어주며 몸의 감각을 느낄 수 있는 휴식을 취하는 게 내가 터득한 방법이다. 몸과 마음의 건강을 챙겼을 때 비로소 일에서의 변화가 가능하다.

누구에게나 번아웃은 찾아온다. 지금은 조금 괜찮아졌지만, 내게 언제든 다시 찾아올 수 있다. 그럴 땐 내가 썼던 저 3단계를 다시 일상에서 쓰리라. 무엇보다 번아웃 상태인 나 스스로를 받아들이리라. 날 자책하지 않을 것이다. 자책하는 나를 탓하지 않겠다. 그것이 나를 지키는 첫 번째 행동이다. 비가 우중충하게 쏟아지는 날, 감기 걸릴 정도로 비를 맞지 않게 해주는 우산을 쓰는 것처럼. 우산을 쓰고 길을 걷다 보면 다시 햇살이 비추리라 믿는다.

4.
무선충전소

"우리는 이론이 아니라
실천을 통해서 자신이 누구인지를 알게 된다."
- 데이비드 앱스타인, 《늦깎이 천재들의 비밀》 중에서

1년에 몇 번은 부산을 들른다. 경상권 강의가 있을 때 자연스레 김해 부모님 집을 찾게 되고, 틈이 있을 때마다 부산의 바다를 보러 온다. 부산 바다는 나에게 있어 무선충전 지역과도 같다. 저절로 에너지가 채워진다.

내가 태어난 고향이자, 20대의 기억과 추억, 꿈과 열정이 가득한 곳이기에 이곳이 참 좋다. 왠지 모를 평온함과 편안함이 가득한 장소다.

부산 영도 흰여울길

    지인들과 독립출판을 준비할 때 영도의 흰여울길을 처음 와 봤다. '손목서가'라는 책방 겸 카페가 있었고, 우리는 몇 시간 동안 그곳에서 우리의 글을 읽고 이야기를 나눴다. '두려움'과 '불안', '연애'와 '결혼' 등 그 당시 우리에게 중요했던 키워드로 대화를 나눴고, 때로는 침묵을 느꼈다. 편안한 침묵이었다. 바다에서 부는 바람과 손목서가에서 틀어주는 잔잔한 음악은 조화로웠다.

    또 예전에 친구 결혼식을 이 근처에서 했었다. 마치고 20년 지기 친구들과 이곳을 찾았다. 사랑하는 이와 부산 여행을 왔을 때 이곳에 와서 각자에게 선물해 주고 싶은 책 한 권을 골라서 간단한 편지를 써서 주고받았다. 부산 바다의 냄새는 소중한 이들과 행복한 기억을 자연스레 떠올리게 만들어준다.

얼마 전 부산 출장을 왔을 때도 흰여울길을 찾았다. 혼자서 바다를 바라보며, 때론 책을 읽으며 시간을 보내니 에너지가 차오르는 느낌이 들었다. 그때 스마트폰을 충전기로 충전하고 있었는데 이런 생각이 들었다.

"사람에게도 충전하는 시간이 필요하구나. '부산'이라는 지역은 내게 무선충전 지역이지 않을까. 이런 곳이 있으니 얼마나 감사하고 행복한 일인가."

나는 이름을 초등학교 2학년 때 '김동하'에서 '김범준'으로 바꿨다. 내가 토끼띠인데 토끼가 물을 먹으면 설사를 하니, 이름에 물 수(水)를 빼는 게 좋겠다는 부모님의 생각으로 이름이 바뀌졌다. 나에게 동의를 구하지 않았지만 이름이 마음에 들었다.

하지만 인생에서 물은 내게 설사를 동반하지 않는 것 같다. 오히려 나를 편안하게 해준다. 부산의 영도, 광안리, 이기대공원, 서울의 석촌호수, 한강공원, 별빛내린천 등 물은 내게 에너지를 충전해 주는 힘이 있다. 그리고 부산은 그중에서도 무선 급속 충전 지역이다.

내가 소진이 되는 곳이 있고, 충전이 되는 곳이 있다. 이를 아는 것은 중요하다. 우리에게 다시 일상을 잘 살아갈 수 있는 동력을 제공해 주는 곳이기도 하니까. 인간은 무한하지 않다. 내게 힘을 주는 장소가 있다면, 그 장소를 안다면 다시 활력 있게 살아갈 수 있을 것이다.

✓ 자기돌봄 체크리스트 3   Check List

"내게 힘을 주는 장소는 어디인가?"

자기돌봄: 자기돌봄 장소 알아보기

- 내게 충전이 되는 장소, 내게 힘을 주는 장소는 어디인가? 가까운 곳에서부터 거리가 있는 곳까지 여러 가지 장소를 적어보자.

    1.
    2.
    3.
    4.
    5.

- 위에 적은 장소들의 공통점이 있다면 무엇인가?
    _____
    _____

- 새로 가보고 싶은 장소는 어디인가?
    _____
    _____

5. 몸과 마음의 건강은 연결되어 있다

"네가 이루고 싶은 게 있다면, 체력을 먼저 길러라.
이기고 싶다면 네 고민을 충분히 견뎌줄 몸을 먼저 만들어."
- 드라마 〈미생〉 8화 오프닝 중에서

스스로의 진로를 찾고 만들어 나가기 위해서는 체력이 필요하다. 긴 여정이다. 단 한 번에 찾을 수 있는 것이 아니다. 만들어 나가는 것에 가깝다. 만약 42.195km 풀코스 마라톤을 완주하기 위해서 체력을 키우지 않고 정신력만 키운다면 어떨까. 그 사람의 완주는 불가능에 가까울 것이다. 나다운 진로, 자기다운 진로를 만들어 나가기 위해서는 그렇기에 체력이 뒷받침되어야 한다. 그 과정 속에서 만나는 두려움과 불안을 받아들이고, 안고 나아가기 위해서는 몸의 건강을 잘 챙겨야 한다.

대학 시절, 창업 준비가 실패로 끝났던 이유 중 주된 이유는 체력의 부족이었다. 창업은 의사결정의 연속이었다. 그리고 책임지는 것이었다. 수많은 회의와 의사결정 속에서 나의 체력은 점점 소진되었다. 체력이 전부 소진되니 몸이 안 좋아졌고, 멘탈은 금세 무너졌다. 창업이고 뭐고 내가 힘들어 죽을 것 같았다. 그래서 포기했다. 몸의 건강은 마음의 건강과 연결되어 있었다. 이때까지 포기했던 순간을 돌이켜보니 몸의 건강이 무너져버린 다음 마음의 건강도 안 좋아져서 그만둔 적이 많았다.

그렇기에 몸의 건강을 잘 챙겨야 한다. 체력을 길러야 바쁜 일상 속에서 나를 보다 더 알아나가려는 시작을 할 수 있으며 자기모험을 떠날 수 있다. 어떻게 하면 체력을 기를 수 있을지는 사실 우리 모두가 안다. 우선 잠을 잘 자야 한다. 내 몸에 좋은 음식을 잘 챙겨 먹어야 한다. 주기적으로 운동을 해야 한다. 무엇보다도 잘 쉬어줘야 한다. 모두가 알지만, 이 앎은 삶과 일치되지 않는다. 어떻게 하면 우리가 아는 것들을 삶에서 해나갈 수 있을까?

내게 결핍되어 있는 작은 것부터 하나둘 실천해 보기

현재 가장 결핍되어 있는 것들부터 작게 시작해 보면 어떨까. 우리는 너무나도 큰 이상적인 목표를 세우고, 큰 변화를 바라다보니 과도한 계획을 세우기 쉽다. 이는 오히려 우리를 더 지치게 만들 뿐이다. 작심삼일이 되고, 나를 자책하게 만든다. 그러니 작게 시작해 보자. 만약 유산소 운동과 근력 운동을 전혀 하고 있지 않았다면 일상에서 이를 할 수 있게끔 설계를 해보는 것이다. 퇴근할 때 일부러 버스 3정거장 이전에 내려서 걸어온다든지, 엘리베이터를 타지 않고 계단을 올라간다든지 하는 작은 일상 운동을 약속해 보자. 저녁 먹고 나서 20분 정도 동네 산책을 하는 것도 좋다. 아주 작은 것들부터 해 나가다 보면, 그 행동은 또 다른 몸 챙김 활동을 부르게 될 것이다.

무엇보다도 스스로의 몸을 챙긴다는 자체가 나를 기분 좋게 만든다. 이 기분 좋음이 계속해서 나를 좋은 곳으로 향할 수 있는 에너지를 줄 것이다. 이 에너지는 또 내 몸을 위한 챙김으로 연결된다. 몸이 건강해질수록 마음도 건강해지고, 정서적으로 건강해지기에 또 몸을 챙길 수 있다. 이 선순환을 만들면 일상 속에서 작은 변화가 온다. 이 변화는 거창하지 않아도 좋다. 버스를 타고 가던 곳을 걸어가거나, 따릉이(자전거)를 타고 가는 것도 좋다. 출근 전 팔굽혀펴기 10번을 하거나 스쿼트 20번을 하는 것도 좋다. 내 몸을 스스로 챙기고 있다는 자각이 우리를 더욱더 건강하게 할 수 있는 행동으로 이끌 것이다. 오늘부터 무엇을 작게 변화하고 싶은가. 그 변화를 위한 당신이 할 수 있는 일상 속 몸 챙김 활동은 무엇인가. 그 활동이 당신을 건강하게 만들 것이다.

✓ 자기돌봄 체크리스트 4   Check List

"내 몸의 건강을 위해 지금 당장 해야 할 일"

자기돌봄: 내 몸 건강상태 알아보기

- 몸의 건강을 위해서 스스로에게 어떤 시간을 선물해 주고 있는가?

    1.

    2.

    3.

- 지금은 하고 있지 않지만 몸의 건강을 위해 앞으로 해보고 싶은 것들은 무엇인가?

    1.

    2.

    3.

- 만약 내일부터 위에 적은 3가지 중 한 가지를 당장 시작한다면 무엇을 할 것인가? 부담이 되지 않게 작게 시도해 본다면 어떤 것들을 할 수 있을까?

6.
러닝에서 발견한 것들

용감하게 틀려야 한다. 세상의 모든 문제가 틀리면서 배우기 때문에!
어느 순간부터 틀리는 것을 두려워하고 있진 않았을까.
- 2011년 11월 15일, 저자 SNS 글 중에서

요즘 건강을 위해서 러닝을 다시 시작했다. 많이 뛰는 것도, 자주 뛰는 것도 아니다. 일주일에 1~2번을 뛰는 정도다. 근처에 천이 있어서 20~30분 정도 가볍게 뛴다. 오랜만에 뛰다 보니 예전과 달라진 점을 발견했다.

몇 년 전 태풍이 심하게 와서 천의 산책길이 망가진 적이 있었다. 그 이후로 그 구간은 잠깐 폐쇄되었다. 사람의 발길이 끊겼다. 그리고 공사를 통해 회복을 했다. 태풍으로 인해 떠내려 온 나뭇가지와 기타 쓰레기들을 한 곳에 모아놓은 곳이 있었다. 오랜만에 그곳을 지나가는데 말끔하게 치워진 것이 아닌가. 그러기까지는 시간이 제법 많이 걸린 것이다.

문득 이런 생각이 들었다. 우리 삶에도 '태풍'과도 같은 시기가 있구나 하는. 바로 일어설 수 없을 때가 있다. 구간을 폐쇄하고 공사를 시작하여 회복한 산책길처럼 우리에게도 그런 시기가 필요할 때가 있다. 마치 뼈가 부러진 곳에 수술을 하고 깁스를 하는 것처럼 충분한 시간을 가지고 나를 돌보아야 할 시기가 있다. 그때 갑자기 일어서려고 한다면 골절한 부분이 더 크게 다칠 수 있는 것처럼, 시간을 충분히 가지고 쉬어야 할 때가 있다.

평소에 산책했던 길이 아니라며 망가진 길을 멀뚱히 바라만 보고 있다면, 그 망가진 길을 걸을 수 있는 만큼 걸어보겠다며 그대로 걷기만 한다고 해서 회복이 되는 건 아니다. '시간'과 '일상에서의 노력'이 필요하다. 있는 그대로의 나를 들여다보고, 바라보지 못했던 부분을 바라봐주기도 하고, 나를 돌보는 시간이 있어야 한다.

망가진 산책길에 다시 복구하는 전문가 분들이 오는 것처럼, 골절을 회복하기 위해 부러진 다리를 진단하고 수술하는 의사가 필요한 것처럼 우리는 혼자서 일어날 수 없을 때가 있다. 그럴 때는 도움을 요청해야 한다. '연결'이 필요하다. 심리적으로 너무나도 불안하고 두렵고, 무기력하다면 심리전문가에게 상담을 받아야 한다. 약을 처방받고, 자신에게 좋은 것들을 주며 자기돌봄의 시간이 있어야 한다. 그러다 보면 우리는 다시 일어날 수 있다. 예전의 산책길과 똑같지는 않을 수 있지만, 상쾌하게 걸어다니며 뛰어다닐 수 있는 길이 다시 생길 것이다.

7.
나를 지키는 힘:
모닝페이지

"자신을 이해한다는 건 있는 그대로의 자신을 수용한다는 뜻이다.
단점을 극복하기 위해 다른 사람이 되려고 애쓰기보다는,
이미 가진 장점을 강화하는 방향으로 나아가는 방법이 훨씬 효과적이다."
- 2023년 12월 18일, 피크닉 전시를 보고

낙서가 가득한 칠판에 글씨를 쓴다면, 그 글씨를 제대로 알아볼 수 없다. 내 마음도 그와 같을 때가 있다. 번잡하고 혼란스러운 마음이 가득할 때 할 일은 많은 것 같은데 아무것도 할 수 없는 시기가 있다. 그럴 때일수록 나는 모닝페이지를 쓴다. 줄리아 카메론의 《아티스트 웨이》에서 소개한 모닝페이지는 피아노 건반을 의식의 흐름대로 아무렇게나 치듯 글을 쓰는 것이다.

내 생각의 흐름을, 생각나는 대로 빈칸에 써내려 나간다. "오늘은 몸이 찌뿌둥하네. 그런데 무슨 말을 써야 하는 거지? 아, 아침을 먹어야 하나?"처럼 말이다. 그러다 보면 내 마음속

낙서들이 조금씩 지워져 나간다. 그러다 보면 내가 쓰는 글씨를 알아볼 수 있는 공간이 생기기도 한다. 그리고 그 공간에서 건져낸 단어들을 대표 키워드로 기록해 나간다.

매일매일 쓰지 않아도 좋다. 시간이 되는 아침에 의식의 흐름대로 글을 쓰다 보면 조금은 맑아진 기분이 든다. 내가 나에게 말을 거는 것 같은 느낌이 들 때도 있다. "내가 살고 싶은 삶은 무엇일까?"라는 문장을 계속 쓰며 마치 질문을 스스로에게 던질 때도 있다. 주문처럼 같은 말을 반복할 때도 있다. 생각과 감정의 조각들을 이어 붙이거나 오히려 더 쪼개는 이 글쓰기는 나를 맑게 하는 묘한 힘이 있다.

낙서가 가득한 칠판 같은 마음에 모닝페이지는 마치 칠판 지우개 같다. 내가 지우고 싶은 부분을 지우지는 못할지라도, 숨 쉴 틈과 글씨를 쓸 공간을 만들어내는 에너지가 모닝페이지에는 있다. 내 식대로 표현한다면 '위대한 아침 쓰기'이다. 아침마다 위대한 아침 쓰기 노트를 펼쳐서 펜으로 글을 써 내려가는 루틴이 생겼다. 아침 독서처럼 이 루틴을 계속해서 이어나갈 수 있을까? 아직은 알 수 없지만, 내게 힘을 주기에 당분간은 계속해 볼 예정이다.

누구에게 보여주는 글도 아니며, 내가 다시 들여다볼 글도 아니기에 지렁이 글씨로 쓰는 노트이지만, 이 노트를 보면 마음이 좋아진다. 내 이야기를 성심껏 들어주는 친구 같기도 하고, 모든 걸 받아들이는 바다 같은 자연처럼도 느껴진다.

8.
나를 챙기는 간단하고도 손쉬운 일

"우리는 행동함으로써, 새로운 활동을 시도함으로써,
새로운 인맥을 구축함으로써, 새로운 역할 모델을 찾아냄으로써
가능성들을 발견합니다."
- 데이비드 앱스타인, 《늦깎이 천재들의 비밀》 중에서

작년에 '웰니스 컬리지'라는 프로그램을 들었다. 웰니스에 대해서 한 달 동안 주말 시간에 온라인으로 배우고, 그다음 달엔 3박 4일 동안 오프라인으로 배우는 과정이다. 여기에서 감사하게도 웰니스 키트를 보내주었는데, 이 키트 덕분에 더욱더 나를 챙기게 되었다.

이 키트 안에는 싱잉볼이 있었다. 내 인생의 첫 싱잉볼! 애플리케이션으로 듣는 것과는 조금 달랐다. 내가 어떻게 치는지에 따라서 다르게 들렸다. 이 소리는 지금 이 순간으로 돌아오게 해주는 힘이 있는 것 같다. 지나간 과거를 후회하는 것

웰니스 키트

이 아니라, 다가올 미래를 불안해하는 것이 아니라 현재에 존재하게 해주는 '명상'과 아주 잘 어울리는 소리가 싱잉볼에 있다.

싱잉볼은 기원전 2400년 전 붓다 시대로 거슬러 올라갈 만큼 오랜 역사를 지니고 있다. 네팔, 인도, 티베트에서 만들어져 왔는데 현대에 와서 네팔에 다녀간 여행자들이 '노래하는 그릇'이라는 말로 부르기 시작했다. 그래서 싱잉볼인 것이다. 노래하는 그릇이라! 뭔가 낭만적이다. 이 노래하는 그릇에서 나오는 소리는 내 몸에서 튕겨져 나가는 게 아니라 스며드는 느낌이다.

방금도 싱잉볼을 한 번 쳤다. 방 안을 가득 채우는 이 소리가 잠잠해질 때까지 10초 이상이 걸리는데, 귀를 기울이며 듣고 있으면 마음이 평안해진다. 찾아보니 싱잉볼을 칠 때 나오는 '웅~' 하는 소리가 몸 안에 있는 세포까지 전달되어 온몸을 이완하는데 도움을 준다고 한다. 또 에너지 균형이 깨진 몸을 원래대로 돌려주고 뇌파를 마음이 안정됐을 때 나오는 알파파로 만들어주는 등 여러 가지 효과가 있단다.

아침에 일어나서 한 번, 자기 전에 한 번, 글이 안 써질 때 한 번, 불안이 올라올 때 한 번 등 싱잉볼을 치는 건 간단하고도 손쉬운 일이다. 그리고 호흡에 집중한다. 지나간 과거가 아니라, 다가오지 않은 미래가 아니라 지금 이 순간인 현재에 머무르게 한다.

명상을 가르쳐주셨던 경서윤 강사님이 마지막 수업에서 했던 말이 생각난다.

"우리가 나 자신을 잘 돌보며 편안하게 나답게 나아가기를!"

나를 잘 돌볼 수 있는, 챙길 수 있는 또 하나의 간단하고 손쉬운 '노래하는 그릇'이 생겨서 참 좋다. 이 소리는 자동적으로 생각하고 사고하는 나를 멈추게 해준다. 꼭 싱잉볼이 아니어도 좋다. 과거에 굉장히 좋아했던 노래였는데 한동안 듣지 않았던 노래를 다시 틀어도 좋다. 중요한 것은 지금 이 순간 그 노래를 온전히 듣는 것이다. 그리고 지금 여기서 깊은 숨을 한번 들이마시고 내뱉어보는 거다. 깊은 호흡, 이 들숨과 날숨이 지금 여기의 나로 돌아오게 해준다. 언제든 할 수 있는 이 숨은 나를 언제든 쉬게 해줄 수 있다.

9. 말의 힘

"오래도록 기억되는 매력은
누군가의 인생에 잊을 수 없는 순간을 만들어주는
말과 행동을 하는 데서 온다."
- 희렌최,《호감의 기술》중에서

말에는 힘이 있다. 누군가에게, 그리고 자기 자신에게 위안과 위로를 줄 수 있는 힘과 기운을 나눠 줄 수 있는 힘이 모두 있다.

"오래도록 기억되는 매력은 누군가의 인생에 잊을 수 없는 순간을 만들어주는 말과 행동을 하는 데서 온다. 그런 매력을 가진 사람들에게는 세 가지 힘이 있다.
　1) 남들이 쉽게 지나치는 모습을 붙잡아 말로 표현하는 능력
　2) 눈앞에 있는 상대를 존중하고 몰입하는 집중력

3) 애정 어린 눈으로 상대를 바라보고 특별한 관심을 가지는 것."

- 희렌최, 《호감의 기술》 중에서

내가 기억하는 말들 역시도 이런 특징들이 있었다. 최근에 강의를 한 고등학교에서도 그런 말을 만났다. 6시간 강의를 하고 나서 한 친구가 와서 이렇게 말했다.

"선생님 강의는 저희의 자존감을 올려주는 강의인 거 같아요. 정말 너무 감사합니다."

짧은 말이었지만 이 표현이 6시간 강의의 피로감을 잊을 수 있게 해줬다. 나도 모르게 미소가 씩 지어졌다.

누군가의 말이 칼이 될 때도 있지만, 누군가의 말이 힘이 될 때도 있다. 내 습관 중 하나가 힘이 된 말들을 휴대폰 메모장에 기록하는 것이다. 말이 힘이 되었던 때를 하나씩 하나씩 모은 메모장을 기운이 없을 때 보면 신기하게도 기운이 난다. 초고속 충전 배터리 같다. 사람의 지문처럼 내가 힘이 되는 말에도 지문이 있다. 힘이 되는 말의 지문을 보면서 나 스스로가 이해되기도 한다.

타인의 말보다도 중요한 건 어찌 보면 자기 자신에게 자주

하는 말이다. 내게 칼이 되는 말을 스스로에게 계속한다면, 독이 되는 말을 지속해서 한다면 우리는 시들어 갈 수밖에 없다. 스스로를 존중해 주지 않고, 애정 어린 눈이 아닌 경멸의 눈으로 나를 바라볼 때 내면 속 지옥은 시작된다.

타인에게 듣고 싶어 하는 말을 스스로에게 건넬 수 있게 되면 어떨까. 처음에는 오글거릴 수도 있고, 거절하거나 수용하지 못할 수도 있지만 조금씩 조금씩 스며들 수 있지 않을까. 애정 어린 눈으로 나를 바라볼 것, 거울 속에 내 눈을 보며 스스로에게 다정히 말하는 이 사소한 행위가 얼마나 힘이 되는

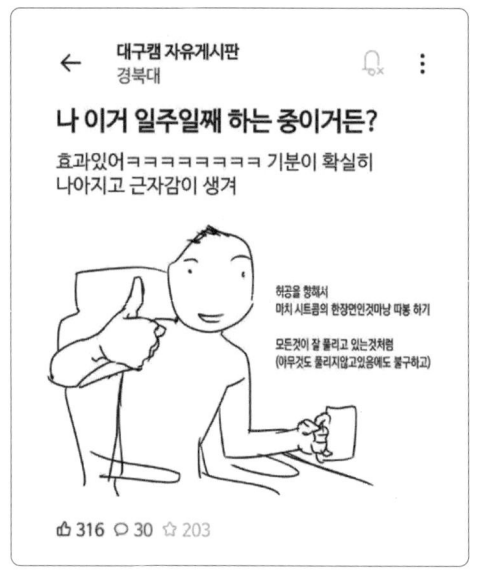

지 모른다. 그리고 나아가서 나라는 존재 자체가 가지고 있는 본원적인 힘과 아름다움을 그대로 바라볼 수 있게 된다.

인스타그램을 보면서 공감이 갔던 짤이 있다. 아무도 없는 곳에서 따봉을 하며 미소 지어주는 것은 스스로에게 다정히 건네는 무언의 행위다. 나는 오늘도 따봉을 스스로에게 건네며 다정한 말을 외친다. "오늘 역시도 따봉."

✓ 자기돌봄 체크리스트 5 Check List

"말이 힘이 될 때?"

자기돌봄: 내게 힘이 되는 말 알아보기

- 누군가의 말이 힘이 되었을 때, 그 말은 어떤 말이었는가?

    1.
    2.
    3.

- 지금 스스로에게 자주 하는 말은 무엇인가?

    _____

    _____

- 앞으로 내게 자주 해주고 싶은 말은 무엇인가?

    _____

    _____

10.
제자리걸음만
하는 것 같다면

"원하지 않는 말을 반복하는 자신을,
좀처럼 달라지지 못하고 제자리걸음만 하는 자신조차
있는 그대로 받아들여야 한다."
- 김윤나, 《말의 시나리오》 중에서

김윤나 작가는 《말의 시나리오》에서 강요가 아닌 수용에서 가장 나다워질 수 있는 용기가 활짝 피어난다고 했다. 나다운 생각, 나다운 말, 나다운 행동, 자기다운 진로는 용기에서 시작되고, 그 용기는 자기 자신을 있는 그대로 수용하고 바라봐주고, 환대하는 것에서부터 시작된다.

우리를 괴롭히는 것들, 고통을 만드는 모든 것들 중 우리가 통제할 수 있는 건 많지 않다. 분명한 건 자기 자신에게 두 번째 화살을 쏘는 노력을 할 수는 있다. 나를 비난하고, 자책하는 걸 줄일 수는 있다. 만약 또다시 내게 두 번째 화살을 쏘더라도, 그런 자신을 고요하게 인정하며 고통을 바라보면서 무슨 일이 일어나고 있는지 받아들일 수 있다.

물론 나 자신에게는 도저히 마주할 수 없고, 수용할 수 없는 순간도 있다. 그럴 땐 전문가에게 상담을 받아야 한다. 혹은 있는 그대로의 나를, 존재 그 자체로서 환대해 주는 타인에게 받아들여지는 긍정적 경험이 필요하다. 마치 드라마 〈나의 해방일지〉의 염미정과 구씨의 서사처럼.

구씨:
"편안하고 좋을 때도 그게 싫어서 깨버리려고 확 마셔. 살 만하다~ 싶으면 얼른 확, 미리 매 맞는 거야.
난 행복하지 않습니다. 절대 행복하지 않습니다. 불행했습니다. 그러니까 벌은 조금만 주세요. 제발 조금만.
아침에 일어나서 앉는 게 힘듭니다. 왔던 길을 다섯 걸음 되돌아가는 것도 못할 거 같아서 두고 온 우산을 찾으러 가지도 않고 비를 맞고 갔습니다. 다섯 걸음이 힘들어서 비를 쫄딱 맞고 아~ 나는 너무 힘들고, 너무 지쳤습니다. 엄청나게 벌 받고 있습니다. 그러니까 제발, 제발 좀."

미정:
"아유, 당신 왜 이렇게 예쁘냐. 아침마다 찾아오는 사람들한

테 그렇게 웃어. 그렇게 환대해."

스스로를 환대해 주는 일상 속 연습하기
—

이런 타인을 만나는 것이 물론 쉬운 일은 아니다. 관계는 우연히 발견되는 행운이라기보다는 함께 만들어 가는 행복에 가까우니까. 우선은 한발 한발 어렵게 어렵게, 스스로에게 조금씩 환대해 주는 일상 속 연습을 해보는 건 어떨까. 아침에 일어나서 고통으로 가득 찬 나와 상황을 책망하고 후회하는 대신, 그런 감정에 대해서 쭉 글씨를 휘갈기며 노트에 글을 쓸 수도 있다. 책《아티스트 웨이》의 모닝페이지랑 비슷하다. 내 감정을 글로 관찰해 나가는 거다. 아무도 못 알아볼 글씨도 괜찮다. 이건 기록이라기보다는 순간을 온전히 관찰하고 바라보는 거니까.

혹은 세수도 하지 않은 채 동네 5분 산책은 어떨까. 터벅터벅 걸으며 좋아하는 음악을 듣고 좋아하는 풍경을 5분이라도 아침에 보는 거다. 환대하고 수용하는 건 억지로 자신의 감정을 부정 감정에서 긍정 감정으로 바꾸는 것이 아니다. 그저 바라보고, 마주하고, 관찰하고, 알아차리는 것이다. 현재에 존재하는 것이다.

그럴 수 있을 때 우리는 재해석하게 된다. 현재가 바뀌면서 과거도 바뀌게 되는 놀라운 순간이 펼쳐진다. 제자리걸음이 헛된 것이 아니라, 나의 근육을 자라게 만들었다는 걸 알게 된다. 여러 실패와 실수는 지금까지의 내가 되기 위한 여정이었다. 조금은 나를 향해 웃을 수 있게 되며, 주변을 바라볼 수 있게 된다. 있는 그대로의 나를 사랑할 수 있게 될 것이다.

11.
가장 넓은 길과 진정한 여행

정말 사람의 마음을 움직이고 감동을 주는 이야기는
인위적이고 짜맞춘 듯한 이야기가 아니라
자신의 마음속에서 우러나온 이야기라는 것을
오늘 이 아이에게서 배웠다.
- 2014년 2월, 저자의 SNS 글 중에서

2024학년도 수능에서 수험생 필적 확인란의 문구가 화제를 모았다.

"가장 넓은 길은 언제나 내 마음속에."

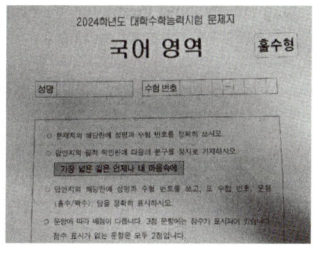

어떤 맥락에서 나온 이야기인지 궁금해서 전체 시를 찾아보았다. 양광모 시인의 시였다.

가장 넓은 길

양광모

살다 보면
길이 보이지 않을 때가 있다
원망하지 말고 기다려라

(중략)

가장 넓은 길은
언제나 내 마음속에 있다

"가장 넓은 길은 언제나 내 마음속에 있다."

짧지만 강렬한 문장이었다. 때로는 한 줄의 글귀가 힘이 되곤 한다. 이것이 글의 힘이다. 살다 보면 우리는 힘겨운 시간을 맞이할 수밖에 없다. 시인의 말처럼 그렇다고 길이 없어진 것도 아니요. 길이 사라진 것도 아니다. 이 시를 보다 보니 나짐 히크메트의 '진정한 여행'이라는 시가 떠올랐다.

> **진정한 여행**
>
> 가장 훌륭한 시는 아직 쓰여지지 않았다
> 가장 아름다운 노래는 아직 불려지지 않았다
> 최고의 날들은 아직 살지 않은 날들
> 가장 넓은 바다는 아직 항해되지 않았고
> 가장 먼 여행은 아직 끝나지 않았다
> 불멸의 춤은 아직 추어지지 않았으며
> 가장 빛나는 별은 아직 발견되지 않은 별
> 무엇을 해야 할지 더 이상 알 수 없을 때
> 그때 비로소 진실로 무엇인가를 할 수 있다
> 어느 길로 가야 할지 더 이상 알 수 없을 때
> 그때가 비로소 진정한 여행의 시작이다.
>
> — 나짐 히크메트

어느 길로 가야 할지 더 이상 알 수 없을 때 그때 내 마음속 가장 넓은 길을 마주해야 할 때가 아닐까. 그것이 바로 진정한 여행의 시작이자, 어디로 갈지 모르겠는 막막함이 '벽'이 아니라 '문'이었다는 것을 발견하게 되는 기회가 될 수도 있다.

"제가 설국열차에서 제일 좋아하는 장면은 송강호 씨가 옆을 가리키면서 '이게 너무 오랫동안 닫혀 있어서 벽인 줄 알고 있지만, 사실은 문이다'라고 말하는 대목입니다. 여러분께서도 올 한 해 벽인 줄 알고 있었던 여러분만의 문을 꼭 찾으시길 바랍니다."

— 영화감독 박찬욱

완벽을 좇다 보면 벽을 만나게 된다. 반면 과정을 즐기다 보면 그 벽에서 문을 찾을 수도 있다. 계속 시도할 수 있는 힘이 있으니까. 과정에 대한 즐거움과 기쁨, 몰입은 그래서 필요하다.

요즘 내게 즐거움과 기쁨을 주는, 몰입을 주는 일은 무엇일까?

지금 하고 있는 게 바로 그 일이다. 내가 좋아하는 문장과 말, 이야기를 모아서 글을 쓰는 것이다.

삶에서 가장 고통스러울 때가 진정한 여행을 떠날 때다

사실 요즘엔 강의에서 느끼는 재미와 의미가 많이 줄어든 거 같다. 비슷한 강의들, 비슷한 피드백 속에서 큰 재미와 의미를 찾고 있지 못하고 있는 중이다. 그러다 우연히 '채널십오야'에서 〈응답하라 1994〉 멤버들이 10주년으로 모이는 영상을 보았다.

그 당시 연기에 대해 고민을 하고 있는 정우에게 신원호 감독은 이렇게 이야기했다고 한다.

"내가 너한테도 백번 얘기했어. 어떤 직장인이 맨날 회사를 가면서 '오늘 난 최고의 회사원이 될 거야! 나는 진짜 대한민국 최고의 회사원이 될 거야' 이러면서 누가 그렇게 출근하냐. 연기자라는 직업을 너무 숭고하게 생각하지 마. 너무 매일매일을 그렇게 최고의 연기를 해야 한다고 생각하지 마. 자기 스스로를 힘들게 하지 말라는 거지."

배우라는 직업과 연기라는 일을 너무 숭고하게, 진지하게 생각했던 배우 정우가 그 당시 힘들었던 것처럼 나 역시 강사와 코치라는 직업을 너무 숭고하게 생각했었던 거 같다. 매일매일 최고의 강의, 코칭을 해야 한다고 스스로를 힘들게 하기도 했다.

고통이 없는 시기는 없다. 지금이 삶에서 가장 고통스러운 시점일 수도 있다. 그럴 때일수록 스스로에게 가장 넓은 길을 찾을 때다. 진정한 여행을 떠날 때다. 그 길과 여행은 언제나 내 마음 속에 있다.

12.
다시 괴로운 시간이 찾아오더라도

"당신은 우울증을 당신을 망가뜨리려는
적의 손아귀로 보는 것 같군요.
그러지 말고 당신을 안전한 땅으로 내려서게 하려는
친구의 손길로 생각할 수 있겠어요?"
- 파커 J. 파머, 《삶이 내게 말을 걸어올 때》 중에서

어느 날 다시 고통의 시기가 왔다. 예전에 번아웃 증상이 나아져서 일상으로 잘 돌아간 경험이 있지만, 쉽사리 나아지지 않았다. 번아웃 워크숍을 진행했던 코치가 또다시 번아웃이 찾아왔다니 믿기지가 않았다.

이 얼마나 웃긴 아이러니인가. 마치 직업상담사가 자신의 직업에 대해 불안해하고, 앞으로 어떤 직업을 해나가야 할지 막막함을 느끼는 것과 비슷했다. 기업가정신을 주제로 강의를 하는 사람이 자신의 삶에서 기업가정신을 발휘하지 못하는 상황과 유사했다.

나는 그렇게 또다시 번아웃 증상을 겪었다. 아무것도 하고 싶지 않았다. 아무것도 할 수가 없었다. 자신감도 없었고, 용기도 없었다. 두려움이 가득했다. 이때까지의 삶과 시간들이 무의미해 보였다. 꿈도 잃고 현실도 잃어버린 것만 같은 느낌이 들었다. 사람의 아무런 발길도 없는 고립된 섬처럼 나는 세상과 단절된 것만 같은 기분이 들었다. 사람들을 만나기도 싫었다. 초라한 내 모습과 우울감과 번아웃 증상을 겪고 있는 나를 드러내고 싶지 않았다. 피로감이 크고 무기력해지니 다시 오전이 사라진 삶을 살았다. 2016년에 겪었던 '오전이 사라진 삶'을 다시 살게 될 줄이야.

유튜브에서 번아웃, 우울감, 불안, 두려움에 대한 영상을 봐도, 심리학 책을 뒤적거려봐도 번아웃은 사라지지 않았다. 마치 늪과 같았다. 이 늪에서 빨리 벗어나려고 발버둥 치다 보니 늪의 더 깊은 곳으로 빨려 들어가는 것처럼.

그래도 다행인 건 삼시 세끼를 잘 챙겨 먹으려고 했다는 것과 샤워를 하고 최소한 30분 이상은 하루에 걸으려고 노력했다는 것이다. 우울감과 무기력, 번아웃이 클 때는 씻고 먹고 움직이는 것조차 힘들다는 걸 알기에 그러지 않으려고 했다.

벗어나려고 해도 벗어날 수 없었다. 흙탕물을 계속 젓는다고 해서 흙탕물이 맑은 물이 될 수 없는 것처럼 번아웃은 빠르게 벗어나고 싶다고 해서 단시간에 벗어날 수 있는 게 아니었다. 그래서 그냥 번아웃을 인정했다. "그래, 나 번아웃이다. 나 지금 마음이 아프다!"

그렇게 주변의 소중한 이들에게 고백했다. 그리고 일을 줄이고, 몸과 마음을 최대한 쉬려고 했다. '돈이야 뭐 다시 벌면 되지! 모아놓은 것도 있잖아' 하며 스스로를 안심시키려 했다. 그러다 보니 책을 집중해서 읽을 수 있게 됐다. 집중력이 조금은 돌아온 것이다.

독서를 하면서 큰 위안을 주고, 바닥을 딛고 일어설 힘을 준 문장들을 발견했다.

"불안감은 우리를 공격하는 게 아니라 도우려는 신호이다."
- 〈무기력의 심리학〉 중에서

"당신은 우울증을 당신을 망가뜨리려는 적의 손아귀로 보는 것 같군요. 그러지 말고 당신을 안전한 땅으로 내려서게 하려는 친구의 손길로 생각할 수 있겠어요?"
- 〈삶이 내게 말을 걸어올 때〉 중에서

내 몸과 마음이 보내는 신호를 제대로 마주하라

내 몸과 마음이 보내는 신호를 오랜 시간 동안 제대로 봐주지 못했기에 무기력함과 번아웃 증상이 찾아온 것이었다. 제대로 봐주는 게 먼저였다. 흙탕물을 더 이상 휘젓는 게 아니라 가만히 관찰하고 마주한다면 흙탕물의 흙은 가라앉게 되고 물이 조금은 맑아진다. 감정과 나를 동일시하지 않고, 감정과 생각이 나의 일부분인 것을 알게 된다.

그리고 조금은 움직일 힘이 생겼다면, 맑은 물을 부으면 된다. 맑은 물을 계속 붓는다면 흙탕물은 조금씩 맑아진 물로 채워질 것이고 안에 있던 흙이 조금씩 빠져나간다. 맑은 물은 사람마다 의미하는 게 다를 수 있다. 나는 좋은 책을 읽고, 좋은 사람들과 안전한 대화를 나누는 것이었다. 고립에서 연결로 가는 통로를 만드는 게 내게는 맑은 물이다.

누군가는 글쓰기일 수 있다. 춤추기, 산책하기, 달리기, 반려동물과 시간 보내기, 반려 식물 가꾸기, 요가, 명상 등 혼자서 하는 활동뿐 아니라 사람들과 함께하는 시간일 수도 있다. 중요한 건 나를 속이지 않는 것이고, 온전한 나를 드러낼 수 있는 안전한 시간을 일상 속에서 확보하여 보내는 것이다.

번아웃은 누구에게나 온다. 나는 이제 인생 총량 에너지의 법칙을 믿게 되었다. 무한대로 우상향을 하는 것처럼 사람이 그럴 수는 없다. 누구에게나 상승과 하락, 빛과 어둠, 긍정과 부정, 생기와 무력감이 번갈아 온다. 과도하게 한 쪽으로 치우쳐진 상태를 방치하다 보면 우리는 균형과 조화를 잃게 된다. 있는 그대로의 나를 알고, 그런 나에 맞게 일과 쉼의 시간을 적절히 보낼 줄 알아야 한다. 혼자의 시간과 함께의 시간, 듣기와 말하기의 균형이 우리를 건강하게 만들 것이라 믿는다.

　빛을 향한 어둠의 여정, 어둠을 향한 빛의 여정은 한 뿌리이다. 내가 가진 빛과 어둠을 인정하고 수용하고 마주할 줄 아는 용기를 지닌 사람만이 자기다움을 잃지 않고 나답게 살아갈 수 있으리라.

✓ 자기돌봄 체크리스트 6 Check List

"나를 다시 일으켜 세우는 것은 무엇인가?"

자기돌봄: 다시 시작하기

- 다시 고통스러운 시기가 찾아왔을 때 스스로를 돌볼 수 있는 최소한의 행동들은 어떠한 것이 있는가?

  1.
  2.
  3.

- 그러한 힘든 시기에 있는 그대로의 나를 드러내서 연결되고 싶은 존재들을 적어보자. 꼭 가족이나, 친구가 아니어도 좋다. 상담 선생님일 수도 있고, 온라인 커뮤니티의 누군가일 수도 있다.

  1.
  2.
  3.

13.
어두움을 품은 밝음

"빛 안에서 빛을 그리면 아무것도 없지요.
어둠 속에서 어둠을 그려도 아무것도 안 보입니다.
꼭 인생 같지요. 슬플 때가 있어야 즐거울 때도 있다는 것을 알게 됩니다.
그리고 저는 지금, 좋은 때가 오길 기다리고 있어요."
- 밥 로스 인스타그램 중에서

어렸을 때 EBS에서 "참 쉽죠?"라 말하며 그림을 그리는 밥 아저씨를 기억한다. 오랜만에 인스타그램에서 그분에 대한 영상과 사진을 보았다. 그 영상은 사랑하는 아내가 세상을 떠나고 난 후 진행한 방송에 대한 이야기였다.

밥 아저씨는 이렇게 말했다.

"Gotta have opposites. Dark and light, light and dark continually in a painting. If you have light on light, you have nothing. If you have dark on dark, you basically

have nothing. There we are. You know it's like in life. You've gotta have a little sadness once in a while so you know when the good times comin. I'm waitin on the good times now."

"어둠을 그리려면 빛을 그려야 하지요. 빛을 그리려면 어둠을 그려야 하고요. 어둠과 빛, 빛과 어둠이 그림 속에서 반복됩니다. 빛 안에서 빛을 그리면 아무것도 없지요. 어둠 속에서 어둠을 그려도 아무것도 안 보입니다. 꼭 인생 같지요. 슬플 때가 있어야 즐거울 때도 있다는 것을 알게 됩니다. 그리고 저는 지금, 좋은 때가 오길 기다리고 있어요."

긍정과 희망으로 가득 찬 20대에는 글로서만 와닿았다면 30대가 된 지금에는 삶으로서 와닿는다. 인생과 삶 속에서 기쁘고 좋은 일들만 일어날 수는 없다. 어두운 시기는 누구에게

나 온다. 그 시기들을 거치고 나니 이제는 조금은 알게 됐다. 일어날 일들은 일어날 수밖에 없고, 그 안에서 어두움을 감당해야 한다는 것을. 그리고 그게 영원히 지속되지 않는다는 것을. 그 어두움을 품은 밝음으로 나아가는 하나의 여정에 불과하다는 것을 말이다.

엘리자베스 퀴블러 로스의 《인생 수업》에서 발견한 문장에서도 이와 같은 메시지를 발견할 수 있었다.
"배움을 얻는다는 것은 자신의 인생을 사는 것을 의미한다. 갑자기 더 행복해지거나 강해지는 것이 아니라, 세상을 더 이해하고 자기 자신과 더 평화로워지는 것을 의미한다. 아무도 당신이 배워야 할 것이 무엇인지 알려줄 수 있는 사람은 없다. 그것을 발견하는 것은 당신만의 여행이다."

자신의 인생에서 일어나는 상실과 다가오는 어두움을 피할 수는 없다. 그것 역시 우리의 삶의 일부분이다. 그 여정에서 어둠과 빛은 동시에 있다. 즐거움과 슬픔이 함께 존재한다. 이 진실을 비껴 나가지 않고 오롯이 마주할 때 고통스러울 수도 있지만 세상을 더 이해하고 자기 자신과 더 평화로워지는 길이 아닐까. 누군가 대신해 줄 수 있는 것이 아니다. 삶이라는 여정과 여행에서 그 길을 걷는 주인공은 자기 자신이니까.

20대에는 어두움은 숨기고 밝음만을 드러내려고 했다. 밝은 척을 하는 건 무진장 힘든 일이었다. 그래야만 사람들에게 사랑받을 수 있고, 인정받을 수 있다는 생각이 강했다. 지금도 그럴 때가 있지만 이제는 알아차린다. 내가 인정받으려고, 사랑받고 싶어서 내가 가진 좋은 에너지만을 드러내려고 하는구나. 있는 그대로의 나를 바라보고, 수용하는 건 여전히 쉽지 않지만 조금은 어두움을 받아들일 수 있게 됐다. 나는 '어두움을 품은 밝음'이다. 그것이 나를 이끄는 힘이다.

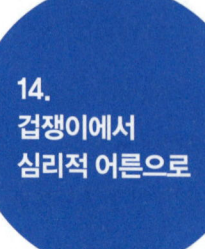

14.
겁쟁이에서
심리적 어른으로

> "내가 그려낸 '어른'이란 우울함과 삶의 고통을 피하지 않고
> 삶의 디폴트(기본조건)로 받아들이는 사람이었다.
> 성인은 상처를 '사랑'하고 현실의 지저분함을 받아들이고
> 어디에서 경계를 명확히 하고 그 경계를 넘어야 할지 말지 고민하고
> '즉흥적으로' 실험한다. 그리고 다시 넘어진다."
> - 김호 작가

∴ 작년에 지인의 전시회를 다녀왔다. '어덜트'라는 전시회였는데, 심리적 어른에 대한 전시회였다.

"내가 그려낸 '어른'이란 우울함과 삶의 고통을 피하지 않고 삶의 디폴트(기본조건)로 받아들이는 사람이었다. 그렇게 자화상 시리즈를 만들어갔다. 어른의 삶은 나무의 표면처럼 멀리서 보면 부드러울지 몰라도 나름의 상처가 있으며, 사포처럼 거친 면이 남아있고, 늘 흔들리고 있다. 성인, 어덜트는 상처를 '사랑'하고 현실의 지저분함을 받아들이고 어디에서 경계를 명확히 하고 그 경계를 넘어야 할지 말지 고민하고 '즉

흥적으로' 실험한다. 그리고 다시 넘어진다."

- 김호 작가

    그가 말한 것처럼 심리적 어른이란 삶의 우울함과 고난을 디폴트(기본조건)으로 설정하고, 이를 회피하지 않고 마주하며 자신의 삶을 자기답게 살아가는 사람이다. 즉, 정서적으로 건강하며 심리적으로 안정된 사람이다. 더 자세히 말하자면 흔들리면서도 자신의 길을 묵묵히 걸어가는 사람이다.

    우리는 삶을 살아가면서 상처를 받을 수밖에 없다. 안전지대에서만 머무르고 싶다. 왜냐하면 겁이 나니까, 두려우니까. 이 바깥은 위험하다고 생각되니 나가기 어렵다. 그렇기에 시도와 모험은 지연된다. '나는 아직 충분하지 않아'라는 생각들로 가득 찬다.

    그럴 때는 정서적 회복이 먼저이다. 내가 생각하는 것이 진짜인지, 진짜라면 어떻게 이 힘듦을 수용할 수 있고, 극복할 수 있을지 말이다. 흔들림 없이 평온한 상태가 오기만을 마냥 기다릴 수는 없다. 자전거를 타고 나아가는 것처럼, 흔들리더라도 페달을 밟고 나아가다 보면 균형을 잡을 수 있다. 그것이 시도다. 넘어질 수도 있다. 실수와 실패는 일어날 것이다. 넘어지고 다시 일어나고, 흔들리고 균형을 잡아나가고, 회복하고 다시 실험하고 시도한다. 그것이 심리적 어른이다.

겁쟁이에서 어떻게 심리적 어른이 될 수 있을까. 좋은 방법 중 하나가 바로 보다 깊이 나를 아는 것이다. 자기이해를 바탕으로 떠나고 싶은 모험을 떠나는 것이다. 익숙한 것과 결별하고 나다움을 찾을 수 있는, 발견할 수 있는 자기모험을 통해서도 자신을 이해할 수 있다.

그리고 모험은 또 다른 모험을 부른다. 그 모험 속에서 뜻이 맞는 동료들을 만나게 된다. 세상은 혼자가 아님을 알게 된다. 두려움에도 불구하고 시도하는 이들이 있음을 알 때, 서로의 두려움과 취약성을 나누게 될 때 그들은 더 이상 겁쟁이가 아니게 된다. 각자 그리고 함께 용기 내어 자기모험을 힘껏 떠나게 된다.

진로고민의 해결을 위해서 우리에게 필요한 것은 '용기'다. 두렵지만 무언가를 시도해 볼 용기와 실험이 있어야 한다. 가만히 앉아 있는 것으로 진로고민이 해결되지 않는다. 물론 앉아서 고민하고, 성찰하는 시간도 필요하다. 그러나 나의 해답을 찾기 위해서는 타인이 만들어 놓은 정답을 바라만 봐서는 안 된다. 내 삶의 해답은 나만이 찾을 수 있다. 스스로에게 질문을 던지고 해답을 찾아나가는 여정을 통해서, 모험을 통해서 자기의 길을 만들어 나간다. 그것은 오직 나만이 만들어 갈 수 있다.

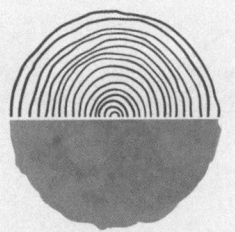

"내가 원하는 변화는 무엇인가?"

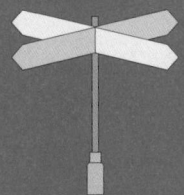

시작
셋,
자기모험: 세상으로의 탐험

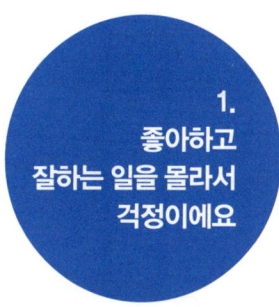

1.
좋아하고 잘하는 일을 몰라서 걱정이에요

"호감 가는 사람은 세 가지 남을 끄는 매력이 있다.
첫째, 남들이 쉽게 지나치는 모습을 붙잡아 말로 표현하는 능력
둘째, 눈앞에 있는 상대를 존중하고 몰입하는 집중력
셋째, 애정 어린 눈으로 상대를 바라보고 특별한 관심을 가지는 것."
- 희렌최, 《호감의 기술》 중에서

청소년 진로교육 일을 본격적으로 시작한 지 어느덧 만 8년이 다 되어간다. 가끔 시간 여유가 될 때 포스트잇 하나를 나눠주며 익명으로 고민을 적게 하는 코너가 있다. 강의를 하는 내가 일방향적으로 대답을 해주는 것이 아니라 서로가 서로에게 자신만의 생각과 해답을 적어가는 시간이다.

그중에서 많이 나오는 고민 중 하나는 바로 '좋아하고 잘하는 일을 몰라서 걱정이다'이다. '어떤 일을 해야 할지 모르겠다', '꿈이 없어서 걱정이다', '하고 싶은 일이 없어서 고민이다', '미래가 막막하다' 등의 고민이 많다.

- 내가 잘할 수 있고 오래할 수 있는 것은 어떤 것일까?
- 나도 나에대해 모르겠고 답답하다. 어떤 것을 견딜 수 있고 견딜 수 없을까.

고민 질문

좋아하고 잘하는 일은 어떻게 찾나?

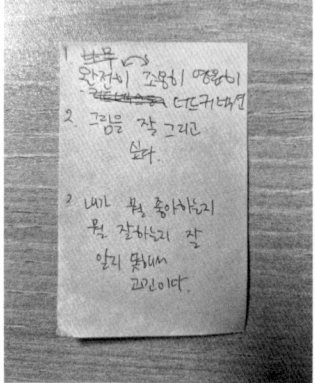

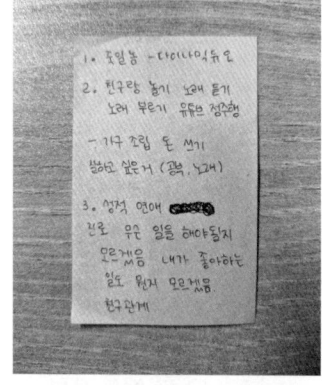

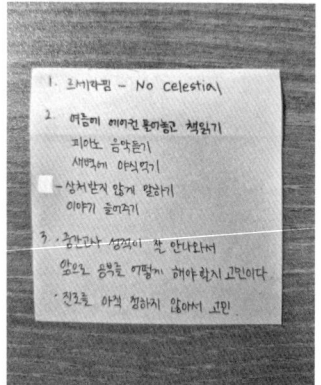

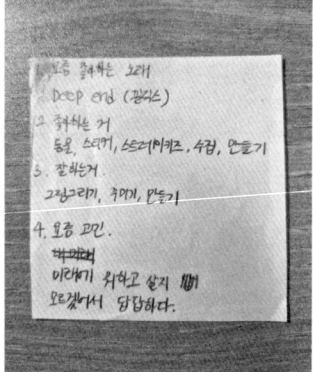

아마 사람마다 다를 것이다. 어떤 사람은 하고 싶은 일이 너무 많아서 걱정이고, 또 어떤 사람은 잘하고 싶은 게 여러 가지라 무엇부터 해야 할지 모르겠어서 고민이다. '걱정을 한다고 걱정이 해결된다면 걱정할 일이 없겠다'는 라임이 괜히 생긴 게 아니다. 내가 가지고 있는 요즘의 생각은 '게임하는 것'과 연결되어 있다.

롤플레잉 게임이라는 장르가 있다. 롤플레잉 게임은 게임 속의 주인공이 되어 가상의 세계에서 게임 내에 주어진 역할을 수행하면서 퍼즐을 풀어가는 방식의 게임으로, 스토리를 중심으로 전개되며 주인공이 성장하는 특징이 있다.

즉, 롤플레잉 게임은 캐릭터가 성장해 나간다. 즉 레벨업을 하면서 캐릭터의 능력치를 조금씩 올리고, 스킬을 배우며 어제보다 오늘 조금씩 더 강해지는 게임이다. 우리 삶은 '레벨업'과 다르다고 생각하지만 비슷한 점도 많다. 게임 속 캐릭터가 성장하기 위해서는 레벨업이 되어야 하고, 레벨업을 하려면 경험치를 쌓아야 한다. 경험치는 가만히 있는다고 생기는 것이 아니다. 자신이 현재 지니고 있는 무기와 능력, 스킬을 가지고 퀘스트를 깨거나 몬스터를 잡아야 한다.

이처럼 우리가 좋아하고 잘하는 일을 알려면 경험을 해야 안다. 여러 경험들을 하며 성찰하고 통찰해 나가면서 자기다운 진로와 일에 대한 힌트를 얻게 된다. 역량을 쌓아나가며 어떤 방향과 흐름을 잡게 된다. 여러 시행착오를 겪으면서 이 길은 내 길이 아닌 것을 알게 될 때도 있으며, 이 길이 나의 길이라는 걸 알게 될 때도 있다.

그리고 게임 속 파티가 생기는 것처럼, 현실에서 동료와 조직이 생긴다. 뜻이 맞는 이들과 함께 여러 형태의 파트너십과 팀워크를 발휘하며 혼자서는 해결하기 어려운 일들을 해나간다.

좋아하고 잘하는 일을 모르는 것은 당연한 일이다. 아무런 경험이 없이, 성찰과 통찰 없이 우리는 나에 대해서 알 수 없다. 세상과 나를 연결하는 시도 없이는 세상 속에서 어떠한 자리에서 두 다리를 지탱하며 설지 발견하기 어렵다. 그러니 우선 내가 가지고 있는 것들로 두렵지만 용기를 내어 시도해야 한다. 그것이 자기모험이다.

2. ○○ 하기 너무 늦은 거 아닌가?

해답은 흔들리면서, 실험하면서, 넘어지면서,
스스로 만들어가는 것이라는 걸
다시금 깨닫게 해주었던 시간이었다.
- 2023년 12월 13일, 김호 작가의 어덜트 전시를 보고

우리는 시작을 두려워한다. 타인의 시선이 두려워서도 있지만 ○○ 하기 너무 늦은 게 아닌가 하며 스스로 선을 그어버릴 때가 있다. 중요한 건 생물학적 나이가 아니라, 스스로 나이가 많다고 생각하며 시작하기엔 너무 늦었다고 생각하는 마음이다. 10대들 진로교육을 할 때면 놀랍게도 18살 친구가 자기는 무언가를 시작하기에 늦었다고 이야기를 하기도 한다.

반면 ○○ 하기 너무 늦은 거 아닌가라는 질문보다 자기가 하고 싶기에 그냥 하는 사람들이 있다. 궁금하니까, 해보고 싶

으니까, 기대감을 내려놓고 그냥 한다. 독서모임에서 클럽장을 맡고 있는 분이 그랬다. 50대 남성이셨는데 그는 발레를 배우기 시작했다고 하셨다. 누군가는 그 나이에 무슨 발레냐고 생각할 수 있겠지만, 난 굉장히 멋지다고 생각했다. 타인의 시선보다 자기를 위한 선택을 한 것이니까. 해보고 싶었는데 해보지 못했던 것을 하게 될 때 생기는 활력과 활기가 있다. 그게 직업적으로 연결되지 않더라도 상관없다. 그 자체가 내게 기쁨이 되니 안 할 수가 없다.

나이는 숫자에 불과하다. 나이가 몇 살이든 결국 나이는 먹게 마련이고, 해보지 못한 일의 가장 빠른 시작은 바로 지금이다. 누군가는 늦은 시작이라고 할 수도 있지만, 자세히 보면 스스로에게는 그게 가장 빠른 시작이다. 그리고 그 시작이 나도 모르게 어떤 방향으로 이끌기도 한다.

젊은 시절부터 여러 사업들을 해왔지만 모두 실패하고 마지막으로 오픈한 음식점마저 화재로 모든 것을 잃은 한 60대가 있다. 자신의 치킨 레시피로 62세의 나이로 다시 창업한 그의 이름은 커넬 샌더스다. 지난주에 이 분이 창업한 프랜차이즈 가게에서 햄버거를 먹었는데, 바로 KFC다.

70대에 유튜브를 시작한 사람이 있다. 치매 예방을 위해 손녀와 함께 여행을 떠나게 됐는데 가족이나 지인들끼리 돌려 보는 용도로 영상을 찍었다고 한다. 한 영상이 주목을 받았고 그때부터 탄력이 붙었다. 지금은 100만 구독자 이상을 지닌 유튜버 박막례 할머니의 이야기다.

80대부터 컴퓨터, 휴대폰 사용법을 배운 사람이 있다. 파워포인트도 잘 만드셨는데 한 강사분이 PPT 잘 다루시니까 아이패드로 그림을 그려보라고 했다고 한다. 그래서 아이패드로 그림을 한 번 그려봐야겠다는 생각이 들었다고 한다. 유튜버, 구글을 보며 배운 그분은 '여유재순'이라는 할머니다. 현재는 91살이시며 아이패드 드로잉 작가로 활동하고 계신다. 인스타그램에 1500개 이상의 작품을 올리셨다.

○○ 하기에 너무 늦은 나이는 없다. 누군가가 늦었다고 해도 상관 말고 작게 시작하는 게 어찌 보면 내게 가장 빠른 시작이다. 한 번뿐인 삶에서 나는 앞으로 무언가를 시도해 보고 싶은가. 어떠한 자기모험을 하고 싶은가. 시작하기 늦은 나이는 없다. 시작하기 가장 빠른 나이만 있다.

✓ 자기모험 체크리스트 1 Check List

"지금 바로 시작하고 싶은 건 무엇인가?"

자기모험: 내가 하고 싶은 것 시작하기

- 해보고 싶지만 이미 늦었다고 생각하여 시작하지 못하고 있는 것들은 무엇이 있는가?
  _____
  _____

- 그걸 이야기해 준 사람들은 누구인가?
  _____
  _____

- 그 반대의 이야기를 하는 사람들, 늦은 나이에 그 일을 하고 있는 사람들은 누구인가?
  _____
  _____

- 시작하기 늦은 나이는 없다. 시작하기 가장 빠른 나이만 있다. 무엇을 시작하고 싶은가. 내일부터 당장 작게 시작해 본다면 무엇을 어떻게 하고 싶은가.

  _____
  _____

3. 내가 원하는 변화는 무엇인가?

> 강물의 눈으로만 지켜본 자와 그 강물의 깊이와 유속을 알려고
> 두려움에도 불구하고 몸을 던진 자,
> 이 둘의 차이는 시간이 흐를수록 크게 날 것이다.
> 중요한 건 강물속으로 몸을 던질 수 있는 용기인 거 같다.
> - 2011년 7월 5일, 저자 SNS 글 중에서

내가 원하는 변화는 무엇인가? 여기에서 자기모험은 시작된다.

자기모험이란 변화를 위한 작은 시도를 말한다. 내가 원하는 변화를 위해서는 행동이 필요하다. 그러니 자기모험은 행동을 포함할 수밖에 없다.

당신이 원하는 변화는 무엇인가? 올해까지 혹은 내년까지 내가 바라는 변화는 무엇인지 스스로에게 물어보자. 지금 다니고 있는 직장을 벗어나 새로운 직장 혹은 새로운 직업을 가지고 싶은가? 현재는 일을 하고 있지 않지만 이때까지 했던

경험과 경력들을 바탕으로 새로운 비즈니스를 시도해 보려고 하는가? 아니면 무너진 몸과 마음의 건강을 다시 일으켜 세우고 싶은가. 어떠한 것이든지 좋다.

우리가 원하는 변화를 만들기 위해서는 에너지가 필요하다. 에너지를 타인이 주입해 주는 것은 그 효과가 오래 가지 않는다. 그렇기에 스스로에게 물어야 한다. 내가 원하는 변화가 무엇인지, 정말로 내가 원하는 것이 무엇인지 깊이 물어보자. 변화에 대한 간절함과 욕망은 원동력이 된다. 바라는 변화를 명확히 아는 것이 먼저다. 그 변화를 알아야지 지속적인 행동이 가능하다.

세상을 구하는 사람들뿐만 아니라, 나 자신을 구하는 사람 역시 영웅이다. 우리는 스스로를 구할 수 있다. 나를 구하는 것은 자기 자신이다. 그리고 그 여정은 모험이다. 두렵지만, 두려움에도 불구하고 용기를 내어 낯선 곳을 향해 내딛는 발걸음이 우리를 변화시켜 나간다.

한 달간 프랑스 파리로 여행을 간다고 상상해 보자. 우리는 이 여행을 위해서 한 달보다도 더 긴 시간 동안 여행 준비를 할 것이다. 숙소는 어디로 할 것인지, 무엇을 보고, 무엇을 먹을 것인지 등 많은 계획을 세우고 준비한다. 한 달 동안의 여행도 많은 준비를 하면서 100년이라는 긴 여행은 왜 준비를 하지 않는 것인가?

그러니 자기모험에도 준비가 필요하다. 그 준비에 가장 중요한 것은 나를 아는 것이다. 자기이해가 필요하다. 요리를 하기 위해 냉장고에 어떤 재료들이 있는지 아는 게 필요한 것처럼 내가 가지고 있는 것들을 들여다봐야 한다.

✓ 자기모험 체크리스트 2 Check List

"내가 진짜로 원하는 변화는 무엇인가?"

자기모험: 진정 내가 원하는 변화 알아보기

- 내가 원하는 변화는 무엇인가? 구체적으로 적어보자.
  _____
  _____

- 위에 적은 변화는 정말 원하는 것인가? 타인이 아니라 내가 정말로 원하는 변화인가?
  _____
  _____

- 이 변화는 내게 어떤 가치를 충족시켜 주는가?(자기이해 질문 02 가치 참고)
  _____
  _____

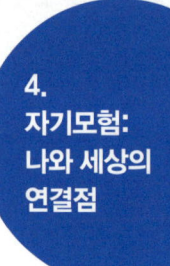

4.
자기모험:
나와 세상의
연결점

"배움을 얻는다는 것은 자신의 인생을 사는 것을 의미한다.
아무도 당신이 배워야 할 것이 무엇인지 알려줄 수 있는 사람은 없다.
그것을 발견하는 것은 당신만의 여행이다."
- 엘리자베스 퀴블로 로스, 《인생 수업》 중에서

내가 누구인지 자세히 들여다보고, 충분히 이해를 했다면 이제 필요한 것은 자기모험이다. 자기모험은 나와 세상과의 연결점을 찾기 위해 내 삶 속에서 무언가를 꾸준히 시도해 보고 경험해 보는 일이다. 좋아하는 것이든, 잘하고 싶어 하는 것이든, 세상에 필요한 일이라고 생각되는 것이든 그 무엇이라도 좋다. 학교에서든, 직장에서든, 그 이외에서든 '변화'와 '성장'을 위해서 무언가를 꾸준히 시도해 보는 것이라면 그 모든 것이 자기모험이다.

나는 독서가 취미다. 책을 많이 읽지는 않지만 매일매일 한

장 이상씩은 읽는 꾸준한 독서가다. 부산에서 대학을 다닐 때부터 독서모임을 계속 해왔다. 일요일 아침 7시 서면 전포카페거리 탐앤탐스 2층에서 직장인들, 대학생들이 모였다. 한 달에 한 권은 반드시 읽었고, 그 책으로 한 달에 한 번은 꼭 모여서 여러 사람들과 이야기를 나눴다.

그러나 독서는 항상 취미의 영역이었다. 이것으로 돈을 벌 수 있을 것이라고는 생각을 못했다. 이게 나의 진로 중 하나가 될 줄은 몰랐다. 그러다 2019년 1월, 독서 커뮤니티 트레바리에서 운영하는 유료 독서모임에 참여하게 되었고, 2019년 5월부터는 파트너로 활동하게 되었다. 참가비를 내지 않고 오히려 회사로부터 돈을 받고 하나의 클럽을 운영하는 역할이

파트너 김범준 님을 소개합니다
말과 대화를 주제로 말하고 대화해요 🗣

안녕하세요! 진로 교육 관련 일을 하는 김범준이라고 합니다.

[말잘러] 클럽을 처음 기획하고, 파트너로 6번째 시즌을 맞이하고 있어요.

'말'이라는 게 참 쉽지 않죠. 중요한 발표나 미팅, 면접 등을 앞두고 있을 때 두려움과 불안이 스멀스멀 올라옵니다. 그런 상황이 아니더라도 그리고 사람들과 함께 이야기를 나눌 때, 가족들과 이야기를 나눌 때, 말로 인해서 관계가 틀어지고 오해가 생기는 경우도 있었어요. 이 문제가 저만의 문제는 아니더라고요. '말'과 '대화'에 대해 함께 고민하고자 모임을 진행하게 되었습니다.

'말'과 '대화'를 주제로 함께 책을 읽고, 이야기해 보실 분들 환영합니다♥

#호기심질문러 #리액션왕 #흥부자 #이야기대회나가기가취미 #랩앨범내는게꿈

었다.

6시즌 동안 말잘러 클럽의 파트너를 맡았다. 사이드허슬-보물이라는 클럽도 4시즌 동안 파트너로 활동을 했다.

한 번 모임을 운영하면 10만 원을 받았다. 이는 작은 시작임에는 틀림없다. 누군가 보면 보잘것없는 수익일 수 있다. 그러나 돈을 내고 참석하던 독서모임에서 돈을 받고 독서모임을 진행하고 운영하는 역할로의 변화는 의미가 있었다. 내가 관심 있는 주제로, 유료로 참여하는 사람들과 함께 4개월 동안 모임을 이끌어 나가는 경험은 돈을 내고 듣는 독서모임 운영 수업보다도 값진 경험이 되고 있다. 그리고 이 경험이 또 어떤 새로운 기회로 이끌어질지 모른다. 나아가서는 나만의 독서모임과 멤버십을 만들어 운영해 볼 수도 있을 것이다.

자기모험, 결과가 아닌 과정을 사랑할 수 있어야
—

이렇듯 자기모험은 거창한 것이 아니다. 내가 있는 위치에서 약간의 변화를 만들어 보는 것이다. 내가 할 수 있는 시도를 해보는 것이다. 소비자에서 중개자로, 생산자로 한 걸음 나아가 보는 것이다. 만원이라도 좋으니 내가 가진 경험과 지식으로 새롭게 무언가를 시도해 보는 것이다. 그러기 위해서 꼭 창업을 해야 할 필요는 없다. 현재 많은 플랫폼들이 있기에, 그 플랫폼에서 여러 실험을 해보면 된다.

자기모험은 목적지가 없을 수 있다. 길을 걸으면서 스스로 발견하고 만들어 나가는 것이다. 처음부터 어디로 가고 싶은지 명확히 안다면, 무척 운이 좋은 사람이다. 그러나 목적지를 안다고 할지라도 우리의 여정이 그렇게 흘러가지 않는 경우가 많다. 군데군데 장애물뿐만이 아니라 내가 두려워하는 괴물이 곳곳에 있다. 또한 길을 걷다 보면, 우리가 보이는 풍경이 조금씩 달라진다. 그 풍경을 토대로, 그 여정에서 만들어진 근육을 바탕으로 다른 목적지로 방향을 돌릴 수 있다. 자연스러운 과정이다.

중요한 건 그 과정과 여정을 내가 즐길 수 있느냐이다. 꽃길이 아닐 수도 있으며 그 여정의 목적지가 내가 생각한 그림이 아닐 수 있다. 그러니 모험의 목적지보다 중요한 것은 내가 이 모험을 계속해서 걷고 싶은지이다. 결과가 아닌 과정을 사랑할 수 있을 때 아이러니하게도 우리는 스스로의 모습과 삶에 만족하게 된다. 그리고 그 길은 또다시 새로운 모험을 불러일으킨다. 그 과정에서 만난 보물과 동료들과 함께 또 다른 모험을 떠나게 될 것이다

"'우리는 행동함으로써, 새로운 활동을 시도함으로써, 새로운 인맥을 구축함으로써, 새로운 역할 모델을 찾아냄으로써 가능성들을 발견합니다.' 우리는 이론이 아니라 실천을 통해서 자신이 누구인지를 알게 된다."

- 데이비드 앱스타인,《늦깎이 천재들의 비밀》중에서

책상 앞에서는 진로를 찾을 수 없다. 진로를 만들어 갈 수 없다. 우리의 길을 설정할 수 있을지라도, 우리의 길을 만드는 것은 그 길을 한 걸음 한 걸음 나아가는 것이다. 삶과 일상에서, 내가 서 있는 현장에서 비로소 우리의 진로는 만들어지고, 변화해 나갈 수 있다. 당신이 걷고 싶은 길은 어떠한 길인가? 그 길을 통해 자기만의 모험을 떠날 준비가 되었는가? 스스로를 잘 알게 되었다면, 그 모험을 떠날 충분한 준비가 되었다.

5.
변화를 위한 시도

"당신이 누구를 알고 있고 어떻게 이곳까지 왔는가는 내게 중요하지 않다.
당신이 자기 자신과 홀로 있을 수 있는가?
고독한 순간에 자신과 함께 있는 것을
진정으로 좋아할 수 있는가 알고 싶다."
- 오리오 마운틴 드리머

자기모험은 '내가 바라는 변화를 위한 시도'를 말한다. 시도가 거창하지 않아도 좋다. 무거운 시도는 망설여질 수밖에 없다. 나의 일상 속에서 하는 모험이자 실험이다. 단, 한 번으로 끝나는 것이 아니다. 매일매일 할 수 있는 것이며, 변화를 위해 내가 직접 그 속에 들어가는 것이다.

변화의 시도는 자기이해를 바탕으로 내가 원하는 변화가 무엇인지 스스로에게 물어보는 것에서부터 시작한다. 좋은 질문은 우리를 멈추게 만든다. 그리고 어떠한 해답으로 향한 시작점을 만든다. 곧 바라는 변화를 위한 자기모험을 준비하며 떠난다. 이 모험은 내가 걸어야 할 길이다. 그리고 그 길 속에서 진로는 발견되기도 하며, 만들어지기도 한다.

물론 자기이해 없이 떠나는 모험도 의미가 있다. 자기모험을 하다 보면 스스로를 이해할 수 있는 경험을 한다. 자기이해는 자기모험을 부르며 자기모험 또한 자기이해를 부른다. 내가 지니고 있는 보물을 발견하기도 하며, 뜻이 맞는 동료와 함께 일을 도모하기도 한다. 모험의 과정에서 우리는 성장한다. 그리고 그 모험은 새로운 모험으로 연결된다.

자기모험은 내 관심사와 연결된 것들을 찾는 과정

자기모험은 내 인생에서도 여러 번 있었다. 대학생 때 동아리활동, 대외활동, 봉사활동, 아르바이트 등 여러 경험을 하며 흥미를 지니면서도 강점을 보이는 분야를 발견했다.

바로 '말하기'와 '이야기'다. 학교에서 발표를 하든, 여러 활동들을 하며 사람들과 만날 때든 말하기와 이야기는 빠지지 않았다. 그 당시 내가 하고 싶은 이야기의 형태는 '강의'와 '강연'이었다. 그래서 '서울에 있는 강연 회사에서 일을 시작해보자'는 자기모험이 시작됐다. 그 모험은 운이 좋게도 강연과 교육, 창업 토크쇼를 만드는 회사에서 일을 할 수 있게 만들었다.

   일을 하면서 나의 '말하기'와 '이야기'로 먹고살고 싶은 마음이 점점 커졌다. 이 생각은 점점 더 뚜렷해졌다. 여러 경험을 하면서 '강의'뿐만 아니라 '코칭'이라는 분야에도 관심이 생겼다. 관심이 생기면 더 알고 싶어진다. 책을 봐도, 유튜브를 봐도 관심사와 연결된 것들을 찾는다. 요즘 내가 자주 보는 유튜브와 책들을 한번 살펴보자. 그리고 만나고 싶은 사람들이 누구인지, 진로고민 이야기를 나누고 싶은 사람이 누구인지를 보면 내가 떠나고 싶은 모험은 더욱 더 선명해진다.

   회사를 그만두고, 멈춤의 시간이 있었을 때, 진로고민이 너무나도 컸을 때 그때 새로운 자기모험은 시작되었다. 인터넷 서핑을 할 때 우연히 '전직지원 전문가 과정'이라는 것을 발견했다. 직업 전환을 돕는 컨설턴트, 전문가를 양성하는 교육 프로그램이었다. 가슴이 두근거렸다. 이 과정을 통해서 무언가 진로고민에 대한 힌트와 실마리를 찾을 수 있을 것 같았다. 나의 진로고민에 대한 해답을 얻을 수 있을 뿐만 아니라 누군가에게 도움이 될 수 있는 일로 연결될 수 있을 거라 생각했다.

   그러나 그때 나는 자존감과 자신감이 바닥을 칠 때였고, 번아웃 증상을 겪고 있었다. 에너지가 없었다. 500시간에 가까운 이 과정을 내가 수료할 수 있을까? 하루에 8시간을 받는 힘든 일정을 소화할 수 있을까? 하는 걱정이 들었다. 두 달 동안 같이 살고 있는 하우스 메이트를 제외하고는 누구와도 만나지 못했던 때였기에 망설여졌다. 그러나 그것은 내가 바라는 변화가 담겨있는 떠나고 싶은 모험이었다. 완주할 수 있을지 없을지 모르지만 일단은 자기소개서를 써보자 싶었다. 그렇게 내 모험은 전직지원 전문가 과정을 지원하기 위해 자기소개서를 다운로드하는 것에서부터 시작됐다.

6.
모험은 또 다른
모험을 부른다

"나의 변화와 성장을 통해서, 나의 기쁨과 에너지를 통해서,
진로고민이 있는 사람들의 변화와 성장을 돕습니다."
- 김범준 변화성장연구소 소장

우연히도 만난 '전직지원 전문가 과정'을 준비하는 시간은 내게 활력을 줬다. 아무런 의지도 활력도 없이 지내고 있다가 무언가를 하고 있다는 게 참 좋았다. 자기소개서를 오랜만에 쓰고 내가 이때까지 써 내려온 이야기를 회고했다. 여러 경험은 이 프로그램을 향해 있었다. 나의 관심과 흥미, 강점과 욕망, 미래와 꿈이 자기소개서에 담겨 있었다.

다행히도 서류를 통과하고, 횡설수설했지만 진심을 다해 본 면접을 통과했다. 처음 동기들과 만났을 때는 참 낯설었다. 50대, 60대분들과 같이 수업을 들었던 적이 처음이었다. 내 동기들이었다. 한 회사의 사장, 부사장까지 했던 분들도 있었다. 자영업을 하다가 오신 분들도 있었다. 대학을 막 졸업한 청년도 있었다. 이들의 공통점은 진로를 고민하고 있었다는 것이다.

내가 가진 캔버스에 밑그림이 조금 달랐을 뿐이지 우리는 모두 스스로가 주도적으로 그리고 싶어 했다. 첫 시간에 자기소개 시간이 있었다. 나는 솔직히 말했다. 회사를 관두고 방황을 했던 이야기, 번아웃이 찾아온 이야기 등 여기까지 오는 데 참 힘들었다고. 그랬더니 반장이 되었다. 그래 이왕 하는 거 끝까지 완주할 수 있는 환경 하나가 더 늘어나는 건 좋다고 생각했다. 전직지원에 대한 공부와 이 반의 분위기를 잘 조성하는 반장 역할까지 함께하는 게 내 모험이었다. 이 시간이 참 따스웠다.

두려움과 불안에 시달렸고, 이 모험을 잘 소화해 낼 수 있을까 하는 의구심이 들었지만 이 모험은 내게 치유와 회복의 경험이었다. 매일매일 아침 일찍 일어나 가산디지털단지에 있는 교육장으로 가는 루틴은 나를 건강하게 만들었다. '전직지원'과 '일'에 대해서 고민하고 연구하며 그 분야의 전문가 분들께 배우고 동료들과 학습하는 시간들은 나를 성장시켰다. 우리는 직업을 어떻게 전환할 수 있는지와 변화를 위한 상담,

컨설팅 기법 등을 배웠다. 그리고 '반장'을 하면서 책임지는 연습을 했다. 같이 점심을 먹고, 끝나고 치킨에 맥주를 먹으며 그분들의 인생 이야기를 들었던 시간을 잊을 수 없다. 이 모험이 끝날 무렵 나는 또 다른 모험을 했다. 그리고 그 모험 뒤에는 또 다른 모험을 했다.

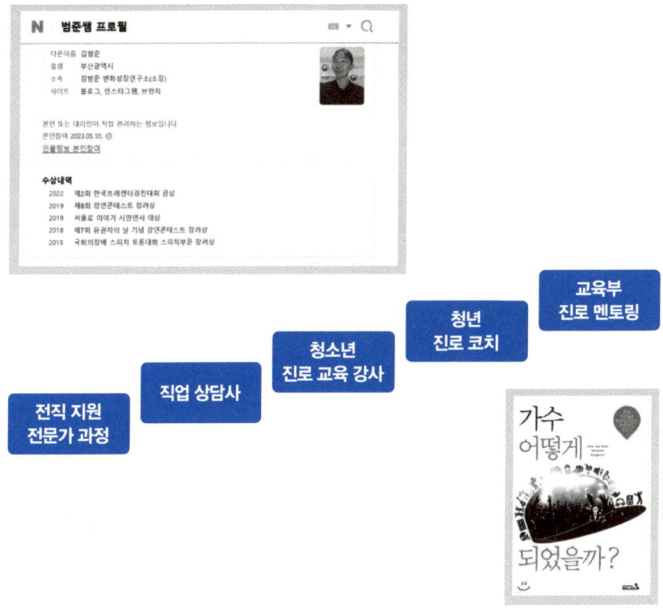

이처럼 여러 모험을 하면서 나의 진로는 발견되고 만들어졌다.

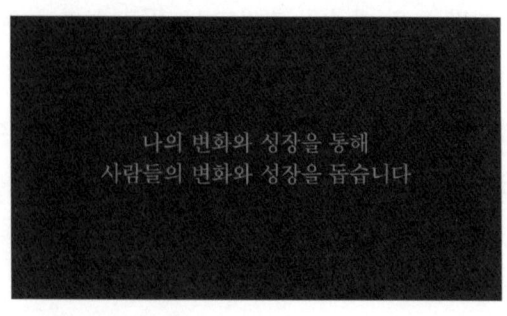

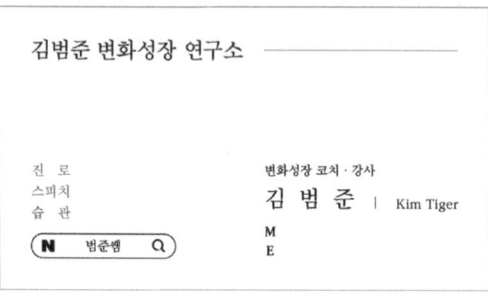

"나의 변화와 성장을 통해서,

나의 기쁨과 에너지를 통해서,

진로고민이 있는 사람들의 변화와 성장을 돕습니다."

전직지원 전문가 과정을 하며 더 공부하고 싶어져 직업상담사를 공부했다. 직업상담학, 직업심리학, 직업정보론 등을 배우며 직업과 진로에 대해 더 학습했다. 그리고 대학생 때 교육 봉사했던 경험이 생각이 나서 청소년 진로교육 강의 일을 시작했다. 그렇게 2년, 3년을 하다 보니 이번에는 청년 진로코치에 도전을 했다. 기회가 되어 《가수 어떻게 되었을까?》라는 인터뷰집을 쓰기도 했다. 또 교육부 원격영상 진로멘토링 진행자를 맡게 되었다.

  시작은 작은 용기를 내어 자기소개서를 쓰는 것에서 시작됐다. 그리고 두근거리는 가슴을 진정시키기 위해 심호흡을 하고 면접을 보러 갔던 그 발걸음이 지금의 나를 만들었다. 지금도 나의 모험은 계속되고 있다. 내 꿈은 모든 연령들을 대상으로 진로 강의와 진로 강연, 진로 코칭을 할 수 있는 진로교육자이자 진로 이야기를 하는 진로철학자가 되는 것이다. 전국노래자랑의 MC였던 송해 할아버지처럼 100살 가까이 일을 하는 게 꿈이다.

  모험은 또 다른 모험을 부른다. 그 시작은 거창하지 않아도 좋다. 자기모험은 나를 성장시키고, 또 다른 모험을 부르는 속성이 있기에 작은 시도가 먼저여야 한다.

  당신이 바라는 변화는 무엇인가? 그리고 그 변화를 위한 작은 시도는 뭘까? 나는 어떠한 모험을 떠나고 싶은지 시간을 내어 스스로에게 곰곰이 물어보자. 그 모험은 아마도 어렵지만, 흥미진진할 것이며 여러분이 가지고 있는 내면의 힘을 깨우는 시간을 선물해 줄 것이다.

✓ 자기모험 체크리스트 3 Check List

"나의 모험 서사 써보기"

자기모험: 나의 모험 서사 만들기

- 자기모험은 '나와 세상과의 연결점'이다. 내가 바라는 '변화를 위한 시도'이기도 하다. 올해 해보고 싶은 '자기모험'을 적어보자. 한 문장이 아니어도 된다. 글을 쭉 써가면서 나의 모험 서사를 써보자.

ex1) 내가 10년 동안 일한 경험과 이야기들을 엮어서 한 권의 책으로 만들고 싶어. 이 책으로 북토크를 서울과 부산에서 해볼래. 우선 일주일에 한 편씩 블로그에 글을 찬찬히 써보자.

ex2) 요즘 '관계'와 '대화'에 관심이 많이 간다. '비폭력 대화'랑 '연결의 대화' 워크숍을 배워보고 싶어. 대화법을 배우면서 건강한 내면의 힘을 키우고, 주변의 사람들과 관계를 더 잘 맺고 싶다.

7.
의심은 믿음으로 향할 수 있는 질문을 준다

대학교를 복학하고 첫 발표시간에 떨려서 머리가 하얘지고
얼굴이 벌개지고, 덜덜 떨었던 내 자신을 소개하고,
작은 용기를 내기 시작해 수업시간에 손을 든 이야기를 해주었다.
"내가 해냈듯이 너희들도 작은 용기를 내면 너희들이 원하는 모습이 될 수 있어."
나는 만족했다. 그들의 마음을 움직일만한 이야기를 했던 것 같았기 때문이다.
- 2014년 7월 10일, 저자 SNS 글 중에서

우리는 스스로의 진로에 끊임없이 의심한다. 어떠한 선택을 내렸어도 의심은 계속된다. 멀쩡히 회사를 잘 다니고 있다가도 이 회사를 계속 다니는 게 맞는지 고민한다. 이 일을 계속하는 게 옳은 것인가, 이 일을 시작해 보려고 하는데 내가 할 수 있을까 등 지금 서 있는 곳에 대해서 의구심과 스스로에 대한 불신을 가진다. 지금 내가 걸어가고 있는 길에 대한 의심, 그 길을 걷고 있는 스스로에 대한 의심은 누구에게나 있다. 지극히 자연스러운 과정이자 통과 의례다.

그 의심은 우리를 옳은 길로 이끌기도 한다. 의심은 질문을 우리에게 준다. 질문은 고민을 하게 만들고, 나만의 답을 만들기 위한 행동이 시작되기도 한다. 그러다 보면 의심은 어떠한 믿음으로 나아가는 흐름을 형성해 준다. 시인 릴케가 말한 것처럼 고민을 품고 살다 보면 해답으로서의 삶을 살게 되는 것이다.

의심 자체는 문제가 되지 않는다. 하지만 의심만 하고 스스로에게 질문하거나 고민하지 않는다면, 그 의심을 해결하기 위한 시작을 놓치고 있다면, 우리는 무력함과 무기력을 느낄 수밖에 없다. 의심은 삶이 우리에게 보내는 자기모험을 향한 신호다. 계속해서 드는 의심이 있다면, 질문이 있다면 모험을 떠날 때가 된 것이다.

대학 시절, 삼성전자 한국총괄사업부에서 인턴을 3개월 동안 한 적이 있다. 강남역 부근의 본사 빌딩으로 향한 출근길은 늘 고역이었다. 사람이 가득 찬 버스가 싫기도 했지만, 내게 재미도 없고 의미도 없는 일을 하러 가는 건 힘들었다. 그래서 자연스레 의심이 들었다. 그리고 하나의 질문이 떠올랐다.

"누구나 다니고 싶어 하는 회사이고 부모님이 자랑스러워하는 회사인데 이와 같은 환경에서 이 일을 하는 게 내게 맞는 일일까? 내가 원하는 일일까?"

이 질문 이후로 여러 시도들이 있었다. 그리고 그 시도에는 실패도 있었고, 성공도 있었다. 조금은 더 나다운 일을 할 수 있는 기회를 주기도 했다. 강사 일을 시작하게 됐다. 강사 일을 하는 도중에 들었던 의심과 질문을 통해 코치 일을 시작하게 됐다.

이제 나의 출근길은 다르다. 고역이 아니었다. 가기 싫어했던 사무실은 사라졌다. 오히려 오늘은 어떤 이야기를 나누고 어떤 사람들을 만날지 기대되고 궁금해졌다. 물론 지금도 가기 싫거나 힘이 무척 드는 강의와 코칭 일도 여전히 있다.

하지만 예전보다 더 주도적인 일을 할 수 있는 업무 환경을 가질 수 있게 됐다. 이 변화는 어찌 보면 의심에서 비롯되었다. 그러니 의심은 나쁘기만 한 것은 아니다. 나에게 의미 있는 질문을 선물해 준다. 이 질문은 내게 필요한 변화와 성장을 만들게 해주는 시작점을 찍게 만들어줄 수 있다. 의심은 질문을 만들고, 이 질문은 해답으로 향한 길을 열어준다. 당신이 지금 가지고 있는 의심은 어떠한 것이 있는가. 그리고 자주 드는 질문은 무엇인가? 그 의심과 질문이 당신의 길을 이끌 것이다.

8. 나침반은 흔들리며 방향을 잡아나간다

> 비슷한 꿈을 가진 5명의 멋진 분들을 만났습니다.
> 나의 업은 무엇인가? 정말 이 회사를 원하는가?
> 수많은 질문들을 제게 던졌고, 답해 보았습니다.
> 제 대답은 yes였지만 그들의 대답은 no였습니다.
> - 2014년 4월, 저자 SNS 글 중에서

나침반은 정북 방향을 가리킬 때, 흔들린다. 단 한번 만에 정북 방향을 가리키는 나침반은 없다. 특히나 마지막에는 파르르 떨리면서 한 곳으로 고정된다. 우리가 방향을 잡아나가는 것도 마찬가지다. 단 한번 만에 어떤 방향을 명확히 설정하기란 어려운 일이다. 여러 경험들을 통해서, 시행착오를 통해서, 흔들림을 통해서 방향을 잡아나간다.

예전에 청년인생설계학교 가을학기에 진로코치로 참여했을 때 대부분의 참여자들이 이 방향을 찾고 싶어 했다. 5주간의 워크숍을 통해서 이 방향을 명확하게 찾을 수도 있지만, 그

보다 더 중요한 것은 내가 지금 어디에 서 있으며, 지금 여기에 서 있는 나는 누구인가에 대한 질문이었다.

결국 방향을 찾기 전에 선행되어야 할 것은 내가 누구인지에 대해서 탐색하고, 들여다보는 작업이었다. 과거와 현재를 들여다보며, 재미, 의미, 강점, 놀이와 휴식, 가치 등에 대해서 알아나간다. 혼자서 하는 활동이 아니다. 참여자들 각각이 코치가 되어, 서로가 서로의 코치가 되어 주며 서로의 강점 키워드와 가치 키워드를 발견해 준다. 그러다 보면 나의 키워드가 빅데이터로 모이게 되고, 그 키워드를 강점 은하계로 시각화시켜 본다. 그리고 나서 방향을 각자, 함께 모색해 본다.

그러다 보면 하나의 패턴과 흐름이 보이게 된다. 흔들리면서 나아갔던 나의 흐름이 발견된다. 혹은 나아가고 싶은 흐름이 생기게 되는 경우도 있다. 방향을 잡기 위해서 나침반이 필요한 것처럼, 나의 진로를 설정하기 위해서는 '나'에 대한 정보가 필요하다. 자기이해, 자기탐색, 자기성찰, 자기발견, 자기모험을 통해서 내가 누구인지 조금씩 알아나가다 보면 먼지가 켜켜이 쌓인 보물이 보인다. 그 답은 외부에 있지 않고, 내면에 있었던 것이다.

나침반이 파르르 떨리며 정북 방향을 가리킬 때 우리의 여행이 시작되는 것이 아니다. 이미 길 위에 섰던 순간부터 우리의 여행은 시작되었다. 또한 나침반이 가리키는 길만이 길은 아닐 것이다. 이성과 과학으로만 이루어진 삶은 어떨까. 때로는 우리의 마음이 이끄는 삶으로의 길에 내딛는 발걸음을 믿어야 할 때도 있다. 삶에 나를 내맡길 때 찾아오는 우연은 또 다른 길로 우리를 이끈다.

중요한 건 여정 그 자체다. 흔들리며 방향을 잡아나가는 과정 속에서 우리들 그 자체가 나침반이 될 것이다. 흔들리며 걸어갔던 여정 속에서 길러진 근육은 우리에게 남는다.

9.
질문과 해답,
그리고 실행

"자신이 간절히 원하는 것이 무엇인지,
자신이 흥미 있어 하는 것이 무엇인지에 대해 너무도 오랫동안 잊고 살았기에,
그는 지금 자신이 진정 원하는 것이 무엇인지 모르는,
한마디로 자기 인생의 모든 게 불확실한 상황에 직면해 있는 것이다."
- 윌리엄 브리지스, 《내 삶에 변화가 찾아올 때》 중에서

자기 인생의 모든 게 불확실한 상황에 직면할 때가 있다. 사실 여러 번 그 상황은 찾아온다. 어느 것도 제대로 되는 게 없는 것 같고, 제대로 해놓은 것도 없는 것 같은, 모든 게 불확실해 보이는 상황 속에서 불안감으로 조급해질 때가 있다. 삶의 가장 혼란스럽고 고통스러운 시기를 어떻게 하면 현명하게 이겨낼 수 있을까.

우선, 나와 비슷한 시기를 잘 헤쳐 나간 이들의 이야기를 듣는 것이다. 유튜브에 있는 수많은 영상과 책에 있는 수많은 글들 중 내게 힘이 되는 이야기가 있다. 결코 이 답답하고 막

막한 시기가 영원하지 않을 것이라는 걸 믿는 일이 필요하다. 그리고 이 고통과 고민을 해결할 수 있을 것이라는 믿음을 자라게 할 수 있는 에너지를 받아야 한다. 내게 힘을 주는 이야기들은 마치 배터리가 다 닳아가는 휴대폰의 무선충전기와 같은 역할을 한다. 타인이 기록해 놓은 이야기를 통해서 무너지고 있는 자신에 대한 믿음, 삶에 대한 믿음을 조금은 회복할 수 있다.

파커 J. 파머의《삶이 내게 말을 걸어올 때》, 구본형의《낯선 곳에서의 아침》, 줄리아 카메론의《아티스트 웨이》, 빅터 프랭클의《죽음의 수용소에서》, 김호의《What Do You Want?》 등 우연히 만난 저자들의 이야기가 내게 힘을 줄 때가 있다.

그러고 나서 나를 알아나가면서 나의 이야기를 만들어 나가는 것이다. 우선은 스스로에 대한 질문이 필요하다. 그리고 자기 자신에 대한 이해와 탐색이 있어야 한다. 내가 간절히 원하는 것은 무엇인지, 나는 누구인지 등에 대한 질문을 스스로에게 묻고 조금씩 답해나가 보자. 흥미, 가치관, 강점, 역사, 욕망과 꿈에 대한 질문과 이 답을 찾기 위한 노력들은 보다 나를 이해할 수 있게 만든다. 질문에 대한 해답을 조금씩 쌓아나갈 수 있다.

나의 이야기는 자기모험을 통해서 만들어진다. 세상과 나를 연결시키는 작업이자, 실험이다. 해보고 싶었지만 해보지 못했던 일을 아주 작게라도 내가 할 수 있게 만들어 해보는 일이다.

나만의 독서모임을 운영해 보고 싶었지만 용기가 나지 못한 이라면, 우선은 해보고 싶었던 독서모임에 참여해 보는 게 그 시작일 수 있다. 처음부터 독서모임으로 돈을 벌려고 하다 보면 그 중압감과 두려움으로 인해 시작조차 못하게 되기 쉽다. 독서모임 멤버가 먼저 되어 보고, 독서모임을 어떻게 운영하는지 생생히 볼 수 있는 기회를 내게 먼저 선사하는 거다. 독서모임 운영 워크숍을 들어볼 수도 있다. 거창한 시작은 첫 걸음도 떼기 어렵게 만든다. 중요한 건 그 모임을 향해 내가 한 걸음 한 걸음 내딛는 가볍고도 즐거운 발걸음이다. 이 발걸음은 내게 에너지를 주며, 용기를 줄 것이다.

✓ 자기모험 체크리스트 4 Check List

"나의 이야기는 무엇인가?"
자기모험: 나의 이야기 알아보기

- 내게 힘을 주는 이야기는 무엇인가? 음악, 책, 영화, 드라마, 인터뷰 등 어떤 콘텐츠도 괜찮다.

    1.

    2.

    3.

- 내가 사람들에게, 세상에게 들려주고 싶은 이야기는 무엇인가? 누구에게, 어떤 주제로, 어떤 이야기를 들려주고 싶은가?

    _____
    _____

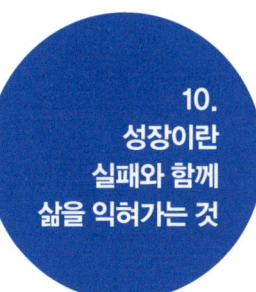

10. 성장이란 실패와 함께 삶을 익혀가는 것

"내가 당신에게 줄 수 있는 최고의 조언은,
'당신의 진짜 모습으로 실패하거나 성공하라는 것'이다.
다른 사람이 되려고 하지 마라. 당신이 뭘 하든,
당신의 진정한 모습만으로 늘 충분할 것이다."
- 팀 페리스,《타이탄의 도구들》중에서

길을 걷다 보면 장애물을 만나기 마련이다. 그리고 실수도 있으며 실패도 있다. 때로는 멈춤의 시간도 필요하다. 숨 쉴 틈을 찾아내고 내면의 소리와 속삭임에 귀를 기울여야 할 시간도 있다. 때로는 유턴을 해야 할 때도, 좌회전으로, 우회전으로 가야 할 때도 있으며 길이 더 이상 이어지지 않아 보일 때도 있다. 그것은 길을 걷는 자의 숙명이다. 실패 없는 성공은 없다. 그리고 성공이 끝인 것도 아니다. 성공을 위한 길이라기보다는 그 길 자체가 우리에게 보상이자, 선물인 것이다.

실패를 겪다 보면 맷집도 키워지고, 근육도 붙는다. 그리고 그다음 실패에는 조금 더 유연하게, 너그럽게 대처할 수 있게 된다. 물론 힘든 시간이다. 자기 자책을 할 때도 있고, 무력감과 무기력함만이 내게 남은 것만 같은 순간도 있다. 분명히 말할 수 있는 건 그 시간에 끝은 있다는 것이다. 아무리 긴 터널이라도 끝이 있는 것처럼 우리 인생에서의 힘든 시간도, 시기도 끝이 있다. 그래서 그 길을 걷고 있는 스스로를 북돋아줄 수 있는 자신만의 숨 쉴 틈과 시간, 공간이 필요하다.

실패했을 때 자기친절과 자기돌봄이 우선이다

실패해도 일어나 용기를 내서 계속 걸어가기 위해서는 실패했을 때 그 자리에 주저앉는 스스로를 수용하고 돌봐줘야 한다. 패배자로 끝나는 게 아닌가 하는 생각은 누구에게나 찾아온다. 이는 나 혼자만의 생각이 아닌 것이다. 고립된 섬처럼 느껴질 때, 세상과 사람들과 아무런 연결이 되어 있지 않은 그지 같은 느낌이 들 때 우리는 자기친절과 자기돌봄이 우선이어야 한다. 그때 바로 일어나서 다시 걸어보자는 다짐과 의지는 오히려 스스로를 늪에 빠지는 상황을 일으키게 할 수도 있다.

늪에 빠진 것 같은 느낌이 들 때, 제자리걸음을 하는 것 같을 때, 뭔가 에너지가 없고 사람들과의 관계도 불편할 때 나의 반짝이는 보물 문장을 내게 들려준다. 책을 읽다가 모아놓았던 그 문장들은 내게 말을 건네준다.

"유명한 투우사가 말했다. '겁이 없어서 황소와 싸운다면, 그건 아무것도 아니다. 그리고 겁이 나서 황소와 싸우지 않는다면, 그 또한 아무것도 아니다. 하지만 겁이 나는데도 황소와 싸우는 것은 대단한 일이다. (중략) 새로운 일을 시작하기 전 두려움이 생기지 않는다면, 그 일은 당신에게 왜소한 일이라는 뜻이다."

- 보도 섀퍼, 《돈》 중에서

"그날 나는 사람들은 진정한 것, 날 것, 솔직한 것에 굶주려 있다는 사실을 깨달았다. 진실한 모습을 보이면 누군가는 반드시 받아준다는 것을 알고 나자 인생이 또 한 번 바뀌었다. 내가 당신에게 줄 수 있는 최고의 조언은, '당신의 진짜 모습으로 실패하거나 성공하라는 것'이다. 다른 사람이 되려고 하지 마라. 당신이 뭘 하든, 당신의 진정한 모습만으로 늘 충분할 것이다."

- 팀 페리스, 《타이탄의 도구들》 중에서

이 문장들을 보면 에너지가 조금씩 차오름을 느낀다. 일상에서 이 문장처럼 아주 작게 행동해 본다. 두려움에도 불구하고, 맡은 강연을 잘 소화해 내거나 조금은 다르게 강연을 해본다. 다른 사람이 되려고 하는 나를 봤을 때 자기를 자책하는 것이 아니라 '그런 마음이 또 올라오고 있구나' 하며 나를 관찰하고 바라본다. 일상에서의 작은 변화와 시도가 나를 조금씩 충전하게 만든다.

이는 나처럼 책을 읽고 문장을 수집해 들여다보는 것일 수도 있고, 무의식적으로 글쓰기를 하는 것일 수도 있다. 마치 피아노의 건반을 두드리듯 생각나는 대로 타자를 치거나, 노트에 연필로 글을 휘갈겨 쓰는 모닝페이지일 수 있다. 이 행동들은 실패를 받아들일 수 있는 여유를 만들게 되고, 자기 자책을 하는 나 자신도 너그럽게 바라볼 수 있는 틈을 확보할 수 있다.

실패를 품다 보면 어느새 그 실패의 해답을 지니게 되리라 믿는다. 실패를 덮고, 회피하는 것도 필요할 때가 있지만 이를 마주해야 할 때도 있다. 그것이 성공으로 이르는 유일한 길이자, 성장을 향한 발걸음이 아닐까.

11.
두려움과 불안 수용하기

"불안감은 우리를 공격하는 게 아니라 도우려는 신호이다."
- 브랫 프랭크, 《무기력의 심리학》 중에서

자기모험을 떠날 수 없게 만드는 것은 여러 요소가 있다. 타인들의 시선과 나를 향하는 이야기도 한 몫 하지만 가장 큰 요소는 바로 자기 자신이 가지고 있는 두려움이다. '나는 충분하지 않아'라는 생각으로 스스로를 옭아매며, '이미 늦었다'라는 주문을 외우며 스스로 자기 에너지를 빼앗아버리는 경우가 있다. 이는 모험을 포기하게 만들거나 아무것도 하지 않은 채 모험을 떠나는 이들을 부러운 눈으로 바라본다.

두려움은 무기력을 부른다. 무기력은 또 불안함과 두려움을 몰고 오며, 자기 자책과 신세 한탄으로 이어진다. 이 악순환을 끊어버릴 수 있는 것은 '노오력'이 아니다. 우선은 감정의 회복이 필요하다. 충분한 휴식과 아무 이유 없는 놀이를 통해서 숨 쉴 틈을 만들어야 한다. 계속해서 채찍질만 한다면, 우리는 무너져버릴지도 모른다.

다리가 골절되었을 때 어떻게 하는가? 다리를 다쳤지만 내가 가야 할 목적지가 있으니 아프지만 참고 뛰어가는가? 아니면 속도를 좀 줄여서 걸어가는가? 둘 다 아니다. 우선 다리가 괜찮은지 살펴보아야 한다. 그리고 병원에 가서 의사를 만나고 진단을 해봐야 한다. 어떻게 다쳤는지, 수술이 필요한지를 보고 쉬어야 한다. 입원을 해야 할 수도 있고 긴 시간 통깁스를 하며 목발을 짚고 다녀야 할 수도 있다. 다리를 다쳤을 때는 그런 쉼의 시간을 가지면서 우리는 왜 감정적으로 힘들 때 그러지 않는가.

마음에도 골절과 비슷한 현상이 있다. 우울감이 클 때 우리는 쉬어야 한다. 모험은 언제든지 다시 떠날 수 있다. 두려움은 언제든 극복할 수 있다. 하지만 그전에 회복이 필요하다. 휴식의 시간이 없다면 회복은 어려워질 수밖에 없다. 두려움이 극심할 때 나를 몰아세우는 행동은 그 두려움을 더 크게 만들 수 있다.

나아가지 못할 때, 일단 우리는 충분히 쉬어야 한다. 쉼의 시간을 가지면서 나를 돌봐야 한다. 무엇을 할 때 몸과 마음이

쉰다고 느끼는가? 어떨 때 눈이 반짝반짝 빛나며, 활기를 느끼는가? 휴식과 놀이를 통해서 우리의 몸과 마음의 건강을 챙기는 시간은 두려움 앞에서 용기를 낼 수 있는 에너지를 선물해 줄 것이다. 몸과 마음이 건강하지 못할 때 우리는 두려움을 훨씬 더 크게 느낀다. 그러니 용기를 내기에 너무나도 벅찰 수밖에 없다.

모험을 다시 떠나기 위해
먼저 자신의 컨디션을 점검하라

앞의 '두려움과 불안 마주하기'에서 말한 것처럼 몸과 마음의 건강이 우선이다. 모험을 다시 떠나기 위해서는 어떤 도구보다도 자신의 컨디션이 가장 중요하다. 몸과 마음이 건강해야 우리는 두려움을 안고 앞으로 나아갈 수 있는 용기의 한 걸음을 힘차게 내딛을 수 있다. 그 한 걸음은 두려움을 점점 작게 만들며, 자신감 근육을 키워나가게 만든다.

두려움을 완전히 없애는 것은 불가능하다. 하지만 두려움을 작게 만드는 것은 가능하다. 인정하고 받아들일 수 있다. 두려움에도 불구하고 용기를 내려면 스스로를 믿을 수 있어야 한다. 그 믿음은 생각으로만 이뤄내기 힘들다. 내가 할 수 있는 작은 시도를 통해서 작은 성취와 작은 성공 경험을 쌓아야 한다. 극심한 두려움이 아니라, 조금만 노력하면 해볼 수 있을 것만 같은 작은 두려움을 극복하는 경험을 차근차근 쌓아나가면 된다. 그러다 보면 두려움보다 훨씬 더 큰 감정들로 채워질 것이다. 설렘일 수도 있고, 기쁨일 수도 있다. 두려움에 압도당하지 않고, 두려움을 잘 활용하는 나를 만들 수 있다.

The cave you fear to enter holds the treasure you seek.
당신이 들어가기 무서워하는 동굴 속에 당신이 찾는 보물이 있다.

- 신화학자 조셉 캠벨

신은 두려움 뒤에 보물을 숨겨놓았다. 자기모험을 떠날 때 만나는 괴물(두려움)을 이겨낼 때 우리는 자기 안에서 반짝이는 보물을 발견하게 된다. 발표를 겁내 했던 내가 발표 두려움을 안고 손을 드는 용기를 내었을 때 자기모험은 다시 시작되었다. 손을 들고 질문하는 것조차 떨렸지만 그 작은 시도가 작은 성공 경험을 만들었고 그 자신감이 지금의 나를 만들었다. 전국 스피치 대회, 강연 대회, 이야기 대회에서 상을 수상할 수 있었던 건 두려움에도 불구하고 질문하기 위해 손을 들었던 그 시작 덕분이다.

청소년 진로교육 강사 초임 시절, 강사를 대표하는 총괄 강사를 하는 것이 두려웠던 나는 최대한 핑계를 대며 그 역할을 늦추었다. 나를 들여다보고 몸과 마음을 잘 돌본 후 다시 도전했다. 그리고 지금까지 200번 가까이 현장을 대표하는 총괄 강사로 활동할 수 있었다. 수많은 진로 선생님과 소통할 수 있는 기회를, 교장 선생님과 이야기할 수 있는 기회뿐만 아니라 여러 성공 경험을 쌓을 수 있었다. 이제 현장에서 어떠한 상황이 펼쳐지든 그 상황을 잘 해결할 수 있겠다는 자신감이 생겼다.

두려움을 안고 나아가다 보면 보물이 생긴다. 그 보물은 자신이 원래 가지고 있던 내면 속의 지속적인 반짝임이다. 두려움에 감싸져 있던 우리의 역량이 작은 실행들을 통해 슬며시 모습을 드러낸다. 그리고 두려움을 극복하는 과정을 통해서 우리 모험은 더더욱 흥미진진해진다. 아이러니하게도 두려움이 우리에게 앞으로 나아갈 수 있는 추진력과 에너지를 듬뿍 준다.

✓ 자기모험 체크리스트 5 Check List

"나에게 두려움과 불안을 안겼던 것은?"

자기모험: 나의 두려움과 불안 살펴보기

- 자기돌봄 체크리스트 2에서 적었던 두려움과 불안은 지금 어떻게 되었는가?
  _____
  _____

- 요즘 자주 느끼는 두려움과 불안은 무엇인가?
  _____
  _____

- 이를 작게 만들 수 있는, 내가 할 수 있는 시도는 무엇일까?
  _____
  _____

12. 일상에서의 모험: 발표 겁쟁이, 이야기 국가대표를 향해서

배웠다. 10살이나 어린 친구에게.
사람들에게 자신의 이야기를 하는 법을 말이다.
나도 내 이야기를 진실되게 하는 사람이 되고 싶다.
내 마음과 진심을 담아서 하는 이야기를 할 수 있는….
오늘은 내게 너무 멋진 날이었다.
- 2014년 2월, 저자 SNS 글 중에서

회사를 그만두고 세계여행을 떠나는 것만이 모험은 아니다. 일상을 180도로 변화하는 것뿐만이 아니라 1도를 변화시키는 것도 모험이다. 익숙한 것과 결별하고 낯선 곳에서 아침을 맞이하는 것도 모험이고 내가 머무르고 있는 곳에서, 일상 속에서 작은 시도를 하는 것도 모험이다. 일상에서의 모험, 즉 자기모험은 그 범위가 넓다. 익숙한 것과 조금이라도 결별하거나, 낯선 곳으로 나를 한 걸음 내딛는 모든 것들이 일상에서의 모험이다.

내가 생생히 기억하는 모험의 시작은 대학생 시절, 발표 겁쟁이를 벗어나기 위해서 강연회에서 질문하려고 손을 들었던 순간이다. 아직도 그때의 망설임과 떨림을 잊을 수 없다. 심장이 쿵쾅 쿵쾅 대지만 손을 들었다는 뿌듯함 이전에, '만약에 질문자로 선정됐을 때 무슨 질문을 하지?'라는 걱정과 두려움은 내가 전혀 말하기에 있어 특별하지 않았음을 보여준다.

처음 질문할 때는 말을 더듬거렸다. 횡설수설하기도 했지만 하다 보니 점차 나아졌다. 질문하는 것에 대해 자신감이 생기니 발표도 조금은 잘할 수 있겠다는 생각이 들었다. 그 생각은 더 이상 대학교 팀 프로젝트 과제 발표자를 정할 때 가위바위보를 하지 않게 만들었다. 발표 근육을 키울 수 있는 연습이자 실전인 기회를 스스로 선택해 볼 용기가 생겼다. 그렇게 발표 경험이 쌓였다. 때로는 예전처럼 횡설수설하면서 PPT를 읽는 수준으로 실패했던 적도 있었지만, '발표가 재밌다'는 걸 느끼는 순간을 여러 번 마주했다. 내가 말하는 이야기와 청중이 듣고 싶어 하는 이야기의 균형이 맞을 때, 서로 연결됨을 느낄 때 짜릿함을 만끽했다. 그렇게 발표 겁쟁이에서 발표 덕후로 조금씩 바뀌어가는 과정이 계속됐다. 어떻게 보면 내 생애 일상에서의 첫 모험이었다.

이 모험은 여러 말하기 대회, 강연 대회에 설 수 있는 자신감을 선물해 줬다. 그리고 청소년 진로교육 강의 일을 시작할 수 있게도 만들어줬다. 성인들을 대상으로 '스피치'와 '말하기'를 주제로 강의를 할 수 있는 기회도 줬다. 또 두근거리는 건 '이야기 국가대표'라는 꿈이 생겼다는 거다. 월드컵, 올림픽, 세계육상선수권 대회 등 국제 대회에 나가기 위해서는 국가대표가 되어야 하는 것처럼 나 역시도 세계 스피치 대회에 나가기 위해 이야기 국가대표가 되고 싶어졌다. '이야기', '말하기'라는 종목으로 국가대표들끼리 붙는 국제 대회를 찾아보니 토스트 마스터즈가 있었다. '영어'라는 언어로 대회에 나가야 하기에 지금 당장 나갈 순 없지만, 긴 호흡으로 이를 준비해 보려 한다.

자기모험은 뜻밖의 자기 보물을 발견하는 과정

모험을 하다 보면 여러 보물을 발견할 수 있다. 물론 나를 위협하는 괴물들도 있다. 단 한 번의 성공으로 모험은 끝나지 않는다. 물론 단 한 번의 실패로도 모험은 끝나지 않는다. 오히려 실패에서 배우는 경우가 많다.

예전에 한국프레젠터협회가 주최하는 신인 강사 대회 본선에 참여했다. 이 대회에서 우승을 하지 못했다. 우승만이 성공은 아니지만, 우승하지 못한 이유는 분명히 알 수 있었다. 대상을 탔던 분은 수상 소감에서 이렇게 말했다.

"제가 연습을 가족들 앞에서, 때로는 혼자서, 그렇게 70번을 연습했더라고요."

나는 몇 번을 연습하고 갔을까. 10분의 1인 7번을 연습하고 나갔다. 1번 연습하는데 10분이 들었다 쳐도 우승을 한 분은 700분, 나는 70분을 연습한 셈이다. 연습량이 10배 차이나는 것도 그렇지만, 이야기의 승패를 가른 것은 대회를 준비하는 태도에 있었다. 이번 대회에서 가장 크게 배운 것은 '태도'다.

모험에서 만나게 되는 실패는 '배움'이라는 선물을 준다. 물론 실패와 성공은 모험에서 만나는 도중의 결과일 뿐, 모험의 과정 속에서 우리는 조금씩 성장하고 자기다움으로 이르게 될 것이다. 모험을 잠깐 멈추게 될 수도 있다. 우리의 인생은 예기치 못한 어려움과 시련들이 펼쳐지니까. 내게서 잊혀진 모험이라 할지라도, 그 모험이 어떤 계기를 통해서 다시 시작될 수 있으리라 믿는다. 오히려 그 공백이 나를 더 뜨겁게 만들지 누가 알겠는가. 내게 먼지 쌓인 모험은 무엇인가. 한번 떠나보고 싶었던 여정은 무엇인가. 그 모험과 여정을 최소한으로 축소해 본다면 일상에서 어떠한 시도인가. 일상에서의 모험이 여러분을 기다리고 있다.

**13.
습관과 리추얼:
나를 지키는 힘**

항상 강의만 듣다가, 기획, 운영만 하다가
6시간이 넘는 강의를 한다는 건 큰 도전이었다.
20번이 넘는 강의를 진행해오면서 내가 더 성장한 거 같다.
내 꿈이 더 명확해졌다.
- 2017년 6월 16일, 저자 SNS 글 중에서

　•• 우리가 걸어가는 여정에서 '두려움'이라는 괴물을 극복하더라도, 어느 순간 이 여정이 지칠 수 있다. 쳇바퀴처럼 흘러가는 일상이 마치 감옥처럼 느껴지며 무기력과 우울감이 크게 찾아올 때 우리를 지켜주는 것은 '습관'이다. 건강한 몸과 마음은 건강한 습관에서 나온다. 그때 습관은 나를 지켜주는 강력한 힘과 에너지가 된다.

　꼭 아침이어야 할 필요는 없다. 특정 시간대에 지속적으로 반복해서 할 수 있는 습관이라면 충분하다. 자기모험과 연관된 활동이라면 시너지가 더 난다. 습관의 존재 이유와 목적이 있기에 꾸준히 해낼 수 있다. 만약 '읽는 사람에서 쓰는 사람으로의 전환'이라는 자기모험을 하고 있는 사람에게 건강한 습관은 무엇일까?

여러 가지가 있을 수 있다. 처음에는 하루에 10분이라도 글을 쓰는 시간을 확보해 몇 줄이라도 글을 써보는 게 필요하다. 글쓰기를 늘릴 수 있는 것은 직접 글을 쓰는 것이다. 처음에는 자기 전 10분을 썼지만, 나중에는 그 10분이 30분이 되고, 2시간이 될 수도 있다. 눈사람은 처음에 작은 눈 뭉치로 시작된다. 내가 뭉칠 수 있는 눈을 찾아내어 생활에 잘 스며들 수 있게 시간을 배치해 보는 것이다.

건강한 습관은
자신에 대한 믿음과 희망을 선물해 준다

자기모험을 일상에 스며들게 하면 할수록 우리가 원하는 '변화'는 한 걸음 더 가까이 다가온다. 그리고 그 변화는 우리가 걸어가기를 원하는 길로 나아가게 될 것이다. 진로가 자연스럽게 이어진다. 전환점이 만들어진다. 습관을 통해서 변환을 일으키게 되고, 변환이 또 다른 건강한 습관을 만들게 된다. 건강한 습관은 자기 자신에 대한 믿음과 삶에 대한 희망과 용기를 선물해 준다.

먼 길을 갈 때 어떤 것들을 들고 갈지도 중요하지만, 무엇을 버리고 갈지도 중요하다. 만약 먼 여정을 떠날 때 아무 필요도 없으며 그저 나를 힘들게만 하는 무거운 짐을 가지고 가야 할 이유가 있을까? 내가 현재 가지고 있는 건강하지 못한 습관을 점검하는 것도 중요하다. 자기모험을 방해하는 습관이 내게 무엇이 있는지 점검이 필요하다. 우리에게 건강함을 주지 못하는, 그렇다고 휴식과 놀이도 아닌, 말 그대로 습관적인 습관이 있는데 그것들을 놓아버릴 수 있어야 한다.

우선 내가 가지고 있는 습관을 쭈욱 써보자. 일상에서 반복해서 하는 행동들을 모조리 적어 보는 거다. '아침에 일어나서 스트레칭 하기, 출근하기 전에 책 한 페이지 읽기, 출근하는 지하철 안에서 좋아하는 노래 듣기, 퇴근하고 나서 편의점에서 탄산수와 컵라면, 닭 강정 사가기, 주말 전 금요일에 늦게까지 넷플릭스 보기, 주말 오전 늦게, 점심 즈음 일어나기' 등 적다 보면 수십 개를 그냥 채울 것이다. 그중에서 꾸준히 가져가고 싶은 건강한 습관을 동그라미를 쳐보자. 나를 지켜주는 소중한 습관들이다. 아침에 일어나 유튜브 채널 '요가 소년'을 보며 요가를 10분 하는 것일 수도 있고, 자기 전에 내가 읽고 싶은 분야인 심리학 서적을 5page 읽는 것일 수도 있다.

반면 동그라미 치지 않은 것들은 게슴츠레한 눈을 뜨며 째

려보자. 이 습관을 계속해서 1년, 3년, 5년 했을 때 내게 끼치는 영향을 상상해 본다. 그때의 내 모습은 어떤 모습인가. 그 모습이 현실이 되기를 원한다면 계속해도 상관없다. 하지만 내가 바라는 모습이 아니라면 어떻게 이 습관을 끊어낼 수 있을지에 대한 방안을 적어보는 것이다. 또한 이 나쁜 습관 대신 심어줄 수 있는 좋은 습관은 무엇이 있을지 고민해 보고 하루하루 실행해 보면 조금씩 개선이 된다.

하나의 건강한 습관은 모험을 떠나는 내가 쓸 수 있는 하나의 무기와도 같다. 이 무기는 두려움이라는 괴물로부터 지켜줄 것이다. 또한 일상의 무기력함과 무력함에서 나를 포근히 감싸안아 주는 보호막이다. 나를 지켜주는 힘, 습관이 있다면 자기모험은 우리가 가고자 하는 길로 들어서게 될 것이다.

✓ 자기모험 체크리스트 6   Check List

"꾸준히 실천해야 할 나의 습관은 어떤 것들인가?"

자기모험: 나의 긍정 습관 알아보기

- 꾸준히 가져가고 싶은 건강한 습관은 무엇인가?

    1.
    2.
    3.

- 줄이고 싶은, 끊어내고 싶은 습관은 무엇인가?

    1.
    2.
    3.

- 새로 만들고 싶은 습관은 무엇인가? 어떻게 그 습관을 일상에 스며들게 할 수 있을까?

    _____
    _____

14. 아침에 일어나 하고 싶은 일을 한다는 것

지금까지 자신이 진실로 사랑한 것은 무엇이었는가?
무엇이 자신의 마음을 가득 채우고 기쁨을 안겨주었는가?
지금까지 자신은 어떠한 것에 몰입하였는가?
이 질문에 대답하였을 때 자신의 본질이 뚜렷해진다.
- 쇼펜하우어

"아침에 일어나 하고 싶은 일을 할 수 있는 사람이야 말로 성공한 사람이다."

- 가수 밥 딜런

짧은 문장이지만 굉장히 강렬하게 남아있는 문장이다. 내가 9년 넘게 '위대한아침독서단'을 운영해 오는 이유가 이 문장 속에 있다. 성공한 사람이 되기 위함은 아니다. 9년 동안 모임을 운영할 수 있었던 이유는 아침독서가 하고 싶은 일이니까! 좋은 건 함께하고 싶으니까! 지금도 아침에 일어나 하고 싶은 일은 나에게 좋은 영향과 에너지를 주는 책을 읽는 일이다. 아침에 한 장이라도 읽는 이유다. 강의가 있는 날에 일찍 서둘러야 한다면 이동하는 버스에서, 지하철에서, KTX에서, 비행기가 이륙하기 직전 ebook을 읽는다. 이게 만약 하고 싶은 일이 아니라 해야만 하는 일이었다면 9년 넘게 해오지는 못했으리라. 즐거움을 주는 하고 싶은 일이었기에 지금까지 해올 수 있었다. 그리고 앞으로도 계속하고 싶다. '하고 싶은'이라는 단어는 참 힘이 세다.

"즐거움이 있는 곳을 찾으세요. 그러면 즐거움이 고통마저 녹여내릴 테니까요."

- 신화학자 및 작가, 조셉 캠벨

조셉 캠벨의 말처럼 즐거움에는 힘이 있다. 반대로 아침에 일어나 하고 싶은 일을 할 수 없는 하루가 계속 반복되면 마치 시든 꽃처럼 힘이 없어진다. 불안과 두려움, 우울감과 무기력감이 스멀스멀 올라온다. 그렇다. 아침에 책 읽기는 내게 샤워와도 같은 것이다. 이를테면 마음 샤워다. 꼬질꼬질해진 마음을 인생 선배에게, 존경하는 이에게 보여주고 그의 이야기를 통해서 조금은 맑아진다. 그의 이야기가 나의 이야기를 만나면서 먼지가 쌓인 마음을 털어버릴 수 있는 에너지가 조금씩 생긴다. 미세먼지가 가득한 아침에 마스크를 끼는 것처럼, 마

음의 미세먼지가 가득한 아침에는 책을 읽는다. 계속해서 읽다 보면 쓰고 싶어진다.

그래서 내가 읽은 문장들 중 보물 같은 문장들을 뽑아서 글을 썼다. 뜻이 맞는 친구들이 생겼고 함께 써 내려가기 시작했다. 그곳에는 내가 가진 이야기와 서사가 담겼다. 글을 쓰다 보니 이때까지 어떻게 살아왔는지, 지금 어떻게 살고 있는지, 앞으로 어떻게 살고 싶은지에 대한 이야기들도 나왔다. 지속적으로 읽고 쓰는 건 어쩌면 오롯이 나를 이해하기 위함일지도 모르겠다. 나를 이해한 것을 바탕으로 삶 속에서, 일상 속에서 온전히 나답게 살고 싶은 마음으로도 이어진다. 그리고 그 마음이 실행으로 이어질 때 우리는 자기만의 모험을 떠난다. 무언가를 위해서가 아니라, 누군가를 위해서가 아니라 진정으로 내가 하고 싶은 것에 대한 질문의 해답을 찾기 위한 여정이다. 어찌 보면 아침에 일어나 하고 싶은 일을 하는 것은 자기 모험을 떠나기 위한 연료를 충전하는 일이 아닐까.

꼭 아침일 필요는 없다. 하고 싶은 일을 확보할 수 있는 오늘의 어떠한 시간이라도 괜찮다.

"간혹 하루가 다 지나가는데 오늘이라는 발자국 하나를 찍지 못한 날이었음을 알게 됩니다. 잘 걷지 못하는 사람처럼 어제의 발자국을 끌며 산 날이라는 생각이 들 때가 있습니다. 하루를 잘 보내지 못한 미안함에 젖는 날도 있습니다. 그때는 그냥 저녁에 기우는 햇빛이라도 즐기려고 해봅니다. 이미 해가 졌지만, 졌기 때문에 무엇이라도 하지 않을 수 없습니다. 그래서 가끔 저녁이 되어도 무엇인가를 시작합니다. 책을 읽기도 하고, 거리로 나가기도 하고, 책상에 앉아 글을 쓰기도 합니다. 저녁도 하루를 위한 아름다운 출발점이 될 수 있습니다."

- 변화경영사상가, 구본형《나에게서 구하라》중에서

저녁이 되어도 무엇인가를 시작할 수 있다. 저녁도 하루를 위한, 오늘을 위한 아름다운 출발점이 될 수 있다. 오늘과 내일을 잇는 오늘의 '저녁'에 무엇을 하고 싶은가?

✓ 자기모험 체크리스트 7 Check List

"오늘 나는 어떤 일을 하고 싶은가?"

자기모험: 오늘 아침, 저녁에 하고 싶은 일

- 아침에 일어나 하고 싶은 일은 무엇인가?
  _____
  _____

- 오늘이 끝나기 전에 무엇을 하고 싶은가?
  _____
  _____

- 어린 시절 유독 좋아했던 것은 무엇인가? 그걸 지금 해본다면 무엇을, 어떠한 형태로 해보고 싶은가?
  _____
  _____

15.
모험을 더 이상 하지 못할 것 같을 때

"아무리 어렵더라도,
매일매일 자기 자아에 생명을 불어넣는 것을 선택하고
그렇지 않은 것을 버림으로써 다시금 건강한 삶으로
한 걸음씩 돌아가기 시작하는 것이다."
- 파커 J. 파머,《삶이 내게 말이 걸어올 때》중에서

온몸에 에너지가 없고 무기력할 때가 찾아온다. 두려움과 불안이 가득한 혼돈의 시간이 갑작스럽게 찾아올 때가 있다. 우울감과 번아웃이 왔을 땐 모험을 더 이상 이어나가기 어려울 수 있다. 특히나 우울증은 어두운 터널이 영원할 것만 같은 부정적 상상의 나래를 펼치게 만든다.

"아무리 어렵더라도, 매일매일 자기 자아에 생명을 불어넣는 것을 선택하고 그렇지 않은 것을 버림으로써 다시금 건강한 삶으로 한 걸음씩 돌아가기 시작하는 것이다."

- 파커 J. 파머,《삶이 내게 말이 걸어올 때》중에서

내게 번아웃이 다시 왔을 때, 우울감이 크게 왔을 때 그땐 자기 자신에게 생명을 앗아가는 것을 선택했다. 자책하기, 후회하기의 연속인 하루하루는 나의 정체성을 흔들리게 했고 불안함과 두려움이 가득 차게 만들었다.

흙탕물을 가만히 놔두는 것처럼, 그 상태를 계속해서 놔두었다. 그리고 일을 줄였고, 푹 쉬는 시간을 많이 가졌다. 그러니 흙탕물의 흙이 조금은 가라앉으며 맑게 되는 것처럼 작은 변화가 일어났다. 몸을 움직일 에너지가 생긴 것이다. 그리고 책을 읽을 의지가 살아났다. 산책을 하고 책을 읽다 보니, 이제는 입이 조금씩 근질근질해졌다. 산책과 책 읽기는 매일매일 나에게 생명을 불어넣는 것임을 더욱더 알게 되었다.

"당신은 우울증을 당신을 망가뜨리려는 적의 손아귀로 보는 것 같군요. 그러지 말고 당신을 안전한 땅으로 내려서게 하려는 친구의 손길로 생각할 수 있겠어요?"

– 파커 J. 파머, 《삶이 내게 말이 걸어올 때》 중에서

번아웃 증상과 우울감, 불안함, 두려움은 몸과 마음이 보내는 신호다. 그것도 나를 도우려는 신호다. 이대로 가는 것이 내게 적절한 것이 아니라면, 적합한 것이 아니라면 몸과 마음은 내게 어떠한 시그널을 보낸다. 나를 안전한 땅으로 내려서

게 하려는 친구의 손길로 번아웃 증상을 바라보면 어떨까. 나 역시도 서서히 치유되기 시작했다. 쉼의 시간은 모든 일을 다 끝내놓고서 가지는 것이 아니라, 내 삶과 일상 속에 함께해야 함을 더 알게 됐다. 삶이 내게 어떻게 말을 걸어오는지 잘 모를 때 다시 이 책을 찾을 거 같다.

16.
길을 잃어버린 사람들에게

"우리는 길을 완전히 잃은 뒤에야 자연의 방대함과 이상함을
진정으로 음미할 수 있다.
우리는 길을 잃고 세상을 잃은 뒤에야 비로소 자신을 찾기 시작한다.
자신이 있는 곳을 깨우치고,
자신과 세상이 무한한 관계를 맺고 있음을 깨닫는다."
- 소로, 《월든》 중에서

어디선가 레베카 솔닛의 문장을 봤다.

"미지를 향해 문을 열어두는 것, 어둠으로 난 문을 열어두는 것. 그 문은 가장 중요한 것들이 들어오는 문이고, 내가 들어왔던 문이고, 언젠가 내가 나갈 문이다.

그리고 소로가 책에서 했던 말도 생각났다.

"숲에서 길을 잃는 경험은 언제나 놀랍고 기억에 남고 더군다나 값진 경험이다. 우리는 길을 완전히 잃은 뒤에야, 더 간단히는 뒤로 돌아선 뒤에야 자연의 방대함과 이상함을 진정으로 음미할 수 있다. 우리는 길을 잃고 세상을 잃은 뒤에야

비로소 자신을 찾기 시작한다. 자신이 있는 곳을 깨우치고, 자신과 세상이 무한한 관계를 맺고 있음을 깨닫는다."

길을 찾으려면 먼저 길을 잃어봐야 한다는 아이러니함에 이제는 고개가 끄덕거려진다. 길을 잃어버림으로써 걸어왔던 길을 통해서, 들어왔던 문을 통해서 우리는 다시 걸어가며 그 문을 나가게 될 것이다.

세계적인 신화학자인 조셉 캠벨의 영웅의 여정을 보아도 하나의 서클을 돈다. 평범한 세계에서 비범한 세계를 향한 모험은 다시 원래 내가 있던 세계로 돌아오면서 끝난다. 그 과정은 결코 명확한 길이 아니다. 여러 번 길을 잃어버리는 그 모험에서 얻은 경험과 지식과 지혜, 보물과 동료들은 여전히 내게 남아있는 것이다.

배우 손석구가 그랬다. 그는 본격적인 연기활동 이전에 여러 가지 경험을 했다. 자기 자신이 원하는 걸 찾기 위해서, 스스로를 알기 위해서 여러 시도를 했고, 시행착오가 있었다. 시카고 예술대학에서 Film, Video, New Media and Animation 전공을 하다가 군대를 갔다. 군대에서 이라크 파병으로 아르빌 자이툰 부대에서 6개월간 있었다. 거기에서 통역을 담당하여 사우디아라비아, 바그다드 등 여러 곳을 다니면서 전 세계

각국에서 온 군인들을 많이 만났다고 한다. 그들과 같이 운동하고 농구하는 게 무척 재밌었다고 웃으며 한 프로그램에서 말했다. 전역 후 그는 26살에 농구 선수의 꿈을 꾼다. 그리고 동생이 있던 캐나다로 그 꿈을 이루기 위해 간다.

그리고 훈련과 운동이 끝난 어느 날, 너무 심심해 우연히 찾아간 연기 학원에서 '연기'에 대한 적성과 열정을 발견한다. 그렇게 그는 배우가 되었다. 매체에 소개되는 영화를 시작했던 그의 나이는 서른다섯이었다. 어떻게 보면 늦을 수 있는 데뷔, 하지만 그는 그만의 방식으로, 그만의 색깔을 내면서 자신만의 속도로, 자신만의 방향으로 배우의 길을 걸어가고 있다

이처럼 일생을 살면서 우리는 여러 모험을 떠난다. 그 속에서 만난 사람들과 겪은 사건들로 인생은 구성된다. 하나의 끝은 또 하나의 시작이 된다. 바다의 끝은 육지이며, 육지의 끝은 바다인 것처럼 다시 원점으로 돌아오더라도 또 다른 시작이 기다리고 있다.

나는 어떠한 모험을 떠나고 싶은가, 나는 누구인가라는 질문은 서로 이어져 있다. 모험을 통해서 내가 누구인지 알게 되며, 내가 누구인지를 알게 되어 모험을 떠나기도 한다. 그러나 어떠한 질문에도 대답하기 힘든 때가 있다. 무수한 질문만 내

게 던지며 어떠한 시도를 하고 있지 못할 때, 그때가 길을 잃어버릴 때다. 길을 잃어버린다는 것은 '시도'가 포함되어 있다. 작은 시도를 통해서 우리는 조금씩 어두운 길에 적응해 나가며, 내가 누구인지 알게 될 수 있다.

자기다운 길을 찾으려면 길을 잃어야 한다.

17.
우리 삶이 100페이지로 이루어진 책이라면

> "깨달음은 우리에게 통찰을 준다.
> 깨달음이 제시하는 미래와 일상이 규제하는
> 현실 사이의 괴리는 우리를 주저앉게 한다.
> 이때 필요한 것이 미래에 대한 나의 통찰을 믿어주고 응원하는 뱃심이다.
> 두려움을 이길 수 있는 용기이다."
> - 구본형, 《깊은 인생》 중에서

날이 맑고 햇살이 따스하게 내리쬐고 있을 때는 음악을 듣는다. 길을 걷다가 멈추고 유튜브 뮤직을 랜덤으로 튼다. 우연히 그때 나온 노래가 DAY6(데이식스)의 '한 페이지가 될 수 있게'였다. 좋아하는 노래였고, 여러 번 들어본 노래였다. 그때 문득 이런 생각이 들었다.

"우리 삶이 100페이지로 이루어진 한 권의 책이라면?"

요즘 100세 시대라고 하니, 1년이 1장이라고 했을 때 우리 삶이라는 책은 100페이지다. 그렇게 생각하니 1년이 더 소중하게 느껴졌다. 어떤 페이지는 끝과 시작, 상실과 사랑이라는 키워드가 가득 채워졌다. 4년 동안 사랑하는 사람과 이별을 했던 시기여서 그런지 더욱더 많은 글씨들이 빼곡히 채워졌던 페이지다.

함께 4페이지를 써 내려갔지만 앞으로는 각자의 페이지를 써 내려간다는 것이 마음이 아팠다. 허전함과 외로움, 슬픔이 때때로 몰려왔다. 시간이 지나자 차츰차츰 괜찮아졌다. 그 페이지의 남은 칸들에는 '회복'과 '건강'이라는 키워드를 써내려갔다. 그리고 '올해'라는 한 페이지에 나는 무엇을 써 내려가고 싶은가?

'건강'이라는 키워드는 계속해서 가져가고 싶다. 몸과 마음의 건강을 지금처럼 유지하고 싶다. 아침 혹은 저녁 헬스로 근력을 키우고, 러닝으로 유산소 운동을 하는 이 루틴이 참 좋다. 운동을 시작하고 나서 스스로가 더 좋아졌다. 건강해지는 것이 느껴진다. 영적 건강 역시 성당을 다니며 챙기고 있다. 미사를 드리는 시간이 좋다. 성서 모임에서 이야기를 나누고 대화를 나누는 시간이 기다려진다. 사회적 건강은 소중한 사람들과 연결되는 것인데 가족과 친구들과의 관계는 무탈하다. 경제적 건강은 지금까지 해온 대로 성실하게, 그리고 새로운 것들은 시도하면서 깊어지고 싶다. 청소년, 청년들을 대상으로 진로교육 일을 계속하면서도 마음건강 콘텐츠를 접목시켜 통합적인 진로 건강 솔루션을 다양한 형태로 만들어보고 싶다.

계속해서 나의 변화와 성장을 통해서, 사람들의 긍정적인 변화와 성장을 돕는 삶을 올해에도 살 것이다. 기대가 된다. 페이지에 어떤 키워드와 문장들이 적혀질지, 그 페이지를 어떤 이들과 써 내려갈지도 궁금하다.

더 이상 페이지에 무언가를 써 내려갈 수 없는 힘든 시기가 이제는 크게 두렵지 않다. 그 공백 또한 나에게 주는 소중한 시그널이니까. 쓰지 못할 때는 쓰지 않아도 된다. 책을 읽다 보면 공백이 있는 페이지도 있지 않은가. 우리 인생이라는 책에도 공백이 필요할 때가 있다.

아직 60페이지도 넘게 남은, 장수한다면 80페이지도 넘게 남은 나의 삶이 앞으로 어떻게 펼쳐질지 궁금하다. 당신은 삶이라는 100페이지에 어떤 글들을 써왔는가. 그리고 앞으로 어떤 키워드와 문장들을 써 내려가고 싶은가. 올해에 제일 중요하게 여기는 것들은 무엇인지, 그 페이지에 꼭 채우고 싶은 것들은 무엇인지 스스로에게 한번 물어보자.

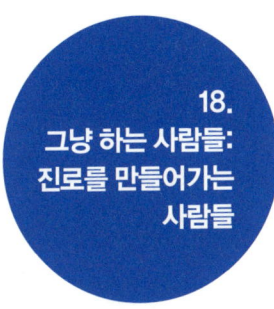

18. 그냥 하는 사람들: 진로를 만들어가는 사람들

"가장 경쟁력 있는 상품은 '서사'입니다.
성장과 좌절이 진실하게 누적된 나의 기록은 유일무이한 나만의 서사입니다."
- 송길영, 《시대예보: 핵개인의 시대》 중에서

2017년 가을부터 계속해서 청소년들을 '진로교육'으로 만나고 있다. 특히 내가 좋아하는 강의는 '꿈'과 관련된 이야기를 하는 시간이다. 자신의 흥미와, 적성, 가치에 대한 이야기를 나누고 꿈에 대해 고민해 보고 대화 나누는 시간은 참 즐겁다.

간혹 현장에서 만난 학생들 중에 눈에 띄는 학생들이 있다. 그들은 '그냥 하는 사람들'이다. 자신의 진로를 만들어가는 사람들 중에 많은 사람들이 그냥 하는 사람들이었다. 어떠한 비전과 사명, 목적, 목표, 의미를 고려해서, 꿈을 정해서 자신의 진로를 걸어가는 게 아니라 하다 보니까 우연히 그 길에 들어서게 된 경우가 많았다.

1년에 그런 친구들을 몇 명 본다. 진로 수업에서 만난 한 친구는 새 사진을 찍는 걸 좋아하는 친구였다. 2년 동안 '탐조'라는 취미생활을 즐겼다. 탐조란 새를 관찰하는 활동인데 처음에는 단순히 기록용으로 사진을 찍었다. 계속하다 보니 신경을 써서 공유하는 취미로도 발전하게 되었다. 그가 인스타그램에 올린 사진은 50개를 넘게 되었다. 직접 인스타그램에 들어가서 사진을 보여주기도 했는데 멋지게도 사진을 찍었더라. 새를 애정하는 그의 마음이 느껴진다고 해야 할까. 이 순간을 포착하기 위해서 얼마나 많은 시간 공을 들였을까. 아무튼 멋졌다. 그리고 그는 내셔널 지오그래픽의 연락을 받게 되었다. 그 잡지의 7월호 국내판 이달의 사진작가부문에 사진이 실리게 된 것이다.

또 게임 '리그 오브 레전드'를 좋아하던 고3 학생도 기억이 난다. 그 친구는 2년 전 고등학교를 입학할 즈음 롤 유튜브를 시작했다. 그는 2년 동안 매주 꾸준히 자신의 게임 영상으로 콘텐츠를 만들었다. 이렇게도 만들어보고, 반응이 안 좋으면 다르게 만들어보며 감을 익혔다고 한다. 게임뿐 아니라 영상 편집 능력도 자연스레 쌓였다. 그리고 조회 수가 잘 나온 영상들이 하나둘 쌓이다보니 구독자도 그 당시에 3만 명이었다.

팬들이 조금씩 생기기 시작했다. 예비 고3이었기에 이 채널을 계속할지, 또 다른 무언가를 준비할지 고민을 하고 있는 상황이었다. 그때 진로에 대해 이런저런 이야기를 나눴던 게 기억이 난다. 자신이 좋아하고 잘하는 것이었기에 계속할 것 같았다. 최근에 그의 유튜브 채널을 보니 역시나 계속하고 있었다. 지금은 40만 명의 구독자를 가진 채널이 되었다.

자신의 흥미와 취미를 계속하면 자신의 서사가 된다

자신의 흥미를, 취미를 계속하다 보면 무언가가 쌓이게 되고, 그것이 그 사람의 이야기가 된다. 사진가의 길을 걷든 혹은 취미로 계속 사진을 찍든 중요한 건 이 활동을 통해서 '활기'와 '생기'가 내적인 부문에서 만들어졌고 부가적인 수입도 생겼다는 것이다. 이렇게 만들어진 이야기가 나중에 어떻게 연결될지 모른다. 그 이야기는 곧 서사가 될 것이다.

최근에 읽은 책 《시대예보 : 핵개인의 시대》에서 이런 문장이 있다.

"가장 경쟁력 있는 상품은 '서사'입니다. 성장과 좌절이 진실하게 누적된 나의 기록은 유일무이한 나만의 서사입니다."

자신이 몰입할 수 있고, 희열을 느낄 수 있는 그 무언가를 자연스럽게 따라 그냥 하다 보면 우연히도 어떠한 길로 들어서게 된다. 물론 하나의 취미로 끝나거나 도중에 그만둘 수도 있다. 그러나 누가 알겠는가. 우연히 시작한, 반짝이는 무언가를 지속하다 보면 정말로 반짝이는 보물이 될 수도 있게 된다는 걸.

당신의 눈을 반짝거리게 하는 건 무엇인가? 그리고 어려움에도 불구하고, 두려움에도 불구하고 계속해서 시도하고 있는 것들은 무엇인가? 그것이 나에게 어떠한 힌트를 줄지도 모른다.

19.
뭐해 먹고살지?

"우리가 준비가 되면 우주는 모험을 떠날 수 있도록 사건을 만들어준다.
우연의 이름을 가진 필연으로 말이다."
- 구본형,《깊은 인생》중에서

2021년부터 지금까지 교육부 원격영상 진로멘토링 MC를 맡고 있다. 원격영상 진로멘토링이란 여러 분야의 전문 직업인, 자신의 진로를 창의적으로 개척한 진로 선구자들이 멘토링 수업을 실시하여 청소년들에게 생생한 직업 정보를 제공하고 체험할 수 있도록 하는 프로그램이다. 그동안 수십 명의 멘토들의 이야기를 들었다. 디지털 광고 컨설턴트, 인공지능 개발자, 메타버스 기획자, 로블록스 크리에이터, 웹툰 작가, 안무가, 성우, 예술치료사, 종이비행기 국가대표, 알파인 스키선수 등 평소에 만날 수 없는 직업을 하고 있는 분들의 이야기를 제일 가까이서 들을 수 있었다. Q&A를 하며 학생들이 묻는 질문에 대한 멘토의 답변까지 들을 수 있으니 나에게도 배움의 장이었다.

자신의 길을 개척해 나가고 있는 직업인들의 이야기이기에 각자의 해답과 자기모험을 골고루 들을 수 있어 좋았다. 멘토들 중에도 역시 계속해서 진로고민을 해나가고 있기도 했다. 진로고민은 마치 건강한 몸을 위한 운동과도 같았다. 어떠한 목표와 계획을 세우더라도, 그걸 직접 하루하루 해나가는 오늘이 없다면 만들어지지 않는 것이었다. 멘토들도 자신의 길을 계속해서 걷고 있었다.

진로는 물음표를 향한 나만의 발걸음으로 쌓아가는 것

―

수많은 시행착오와 실수와 실패, 그때 느꼈던 불안과 두려움, 일을 할 때 느꼈던 기쁨과 슬픔, 이 모든 것들이 어우러져 지금의 그들이 있었다. 멘토들은 '뭐 해 먹고살지?'라는 질문을 스스로에게 던질 필요가 없었다. 이때까지 걸어왔던 길과 걸어가고 싶은 길이 저절로 그 질문에 대한 해답을 보여주기도 했고, 그 해답을 직접 만들어가고 있었으니까.

'뭐 해 먹고살지?'라는 질문은 청년 그룹 진로코칭을 할 때 참가자들에게서 간혹 듣곤 했다. 즉, 새로운 시작을 꿈꾸고 있는 사람들과 변화를 원하는 이들에게 주어지는 질문 중 하나다. 이 질문이 때론 막막함을 주기도 한다. 나에 대해서 아직 완전히 잘 모르는 것 같기도 하고 지금 내가 선택할 혹은 선택한 길에 대한 확신도 없기 때문이다.

그러나 이 질문은 동시에 해답을 만들어갈 수 있는 한 걸음을 선물해 주기도 한다. 이 질문은 내가 좋아하는 것을 발견하게도 해주고, 강점을 찾게 해줄 수도 있다. 내가 잊고 있었던 중요한 가치관을 재발견하게 해주기도 한다. 또한 세상과 나의 연결점을 찾기 위한 탐험과 모험으로 이어지기도 한다.

결국 진로는 물음표를 향한 나의 발걸음으로 매일매일 만들어 나가는 것이다. 지금 어떠한 직업을 하고 있더라도, 내가 원하던 직업에 대한 발걸음들이 훨씬 더 쌓인다면 자연스럽게 직업 환승이 이루어지리라. 그 분야에 대한 책과 영상을 보다 더 많이 보게 되고, 그 업계 사람들이 모이는 곳에 나가게 된다.

계획된 우연을 기회로, 진로로 만드는 선택은 나에게 달려있다
—

130세 시대라고도 말이 나오고 있는 요즘, 평생직장이 아니라 평생 직업도 없을 것이다. 그 시기에, 그 세상에, 그때의 내게 적절한 직업을 준비하고 혹은 새로운 직업을 스스로 만들어가지 않을까. 우연히 주어진 기회로 인해서 시작되는 업도 있으리라.

내가 현재 하고 있는 일 중 하나인 원격영상 진로멘토링 MC도 우연히 걸려온 한 통의 전화 덕분이었다. 감사하게도 청소년 진로교육 강사로 일하고 있는 회사의 대표가 제안해주었다. 크롬볼츠 박사가 말한 '계획된 우연'처럼 우연히도 내게 기회가 주어졌고, 이때까지 해왔던 선택과 계획이 어우러져 또 하나의 업이 된 것이다.

위에서 말한 '계획된 우연'은 개인이 스스로 우연한 기회를 만들고, 또 이 기회를 잡아야 한다는 의미를 품고 있다. 즉 우연을 기회로, 진로로, 필연으로 만드는 선택은 우리에게 있다. 우리의 삶에서 일어나는 우연한 사건이 긍정적으로도, 부정적으로도 영향을 미쳐 진로 선택 결정에 중요한 영향을 미친다는 점을 이야기한다. 계획된 우연은 우연 학습이론으로 이어졌다. 우리의 행동은 계획되거나 계획되지 않은 상황에 의해 만들어지는 수많은 학습 경험의 산물이라고 이야기한다. 우연을 기회로, 우연을 필연으로 만들기 위해서 어떤 기술과 태도가 필요한지, 어떻게 행동해야 하는지 알려주는 이 진로 이론을 참 좋아한다.

삶에서 계획된 대로 되는 것이 얼마나 있을까. 그렇기에 계획되지 않은 일을 자연스러운 것이며 필요한 것으로 받아들일 수 있도록 제안하는 이 이론은 참 유용하기도 하다. 이론에는 탐색과 기술의 두 가지 개념을 포함하고 있다. 탐색은 삶을

긍정적으로 변화시키는 우연 기회를 만들어 내는 것이고, 기술은 사람들이 기회를 잡을 수 있게 한다. 우연 기술은 호기심, 인내심, 유연성, 낙관성, 위험 감수가 있다.

- 호기심(Curiosity): 새로운 학습 기회를 탐색하고 새로운 경험에 대해 알아가려는 의지다.
- 인내심(Persistence): 좌절과 장애물에도 불구하고 지속적으로 노력하는 태도다.
- 유연성(Flexibility): 태도와 상황을 변화시킬 수 있는 능력이다. 유연성은 예상치 못한 상황에 대응하고 적응하는 데 중요하다.
- 낙관성(Optimism): 새로운 기회를 긍정적인 가능성으로 보는 태도다. 낙관성은 도전적인 상황에서도 긍정적인 관점을 유지하게 해준다.
- 위험 감수(Risktaking): 불확실한 결과에도 불구하고 행동하는 능력이다. 새로운 경험에 도전하고 기회를 포착하는 데 필수적인 요소다.

내가 준비가 되면 우주는
모험을 떠날 수 있는 사건을 만들어준다
—

계획되지 않은 일들을 의미 있게 만들 수 있다는 것을 아는 사람은 계속해서 주도적으로 시도를 한다. 실수와 위험을 감수하고 자신만의 걸음걸이로, 속도로 길을 나아간다. 크롬볼츠 박사는 실수와 실패는 또 다른 학습의 기회가 된다며 여러 가지 경험들을 제안한다. 새로운 취미 갖기, 새로운 사람 만나기 등 다양한 활동에 적극적으로 참여하라고 권하기도 한다. 그 경험과 활동이 우연한 길로 들어서게 만들어줄 것이다. 그리고 어떠한 우연은 필연이 되기도 한다.

"우리가 준비가 되면 우주는 모험을 떠날 수 있도록 사건을 만들어준다. 우연의 이름을 가진 필연으로 말이다."

– 구본형,《깊은 인생》중에서

우리가 준비가 되면 우주는 모험을 떠날 수 있도록 사건을 만들어준다. 그리고 그 사건은 충분히 우리가 여러 가지 시도와 경험, 활동들로 만들어갈 수 있다고 믿는다. 진로강사, 진로코치, 진로MC를 하고 있지만 나는 여전히 진로를 고민하고 있다. 그러다 보니 진로고민이 나의 업이 되었다. 그리고 '뭐

해 먹고살지?'에 대한 질문에 대한 해답을 우연히 참석하게 된 진로 워크숍을 통해서 발견할 수 있었다.

"사람들(청소년, 청년)이 스스로를 보다 믿을 수 있고 두려움 대신 용기를 선택해 자기 길에 한 걸음 나아갈 수 있도록, 스스로와 자신의 이야기를 들여다보고, 함께 이야기 나누는 것을 안정적으로, 재미있게, 의미 있게 진행하기,"
나는 이 일을 계속해서 해나가고 싶다.

지금 하고 있는 진로강사, 코치, MC라는 직업뿐만이 아니라 앞으로 우연히 연결될 일들이 궁금하다. 어떠한 우연과 기회가 오든 나는 환대하리라. 당신은 지금 어떤 일을 하고 있는가. 그리고 어떤 질문을 자주 스스로에게 하고 있는가. 그 질문들은 우리에게 우연한 사건을 만들어줄 것이다. 그 우연을 필연으로 만드는 힘은 우리 자신에게 있다고 믿는다.

20.
밥과 존재를
통합해나가는 과정

나는 분명 멘토선생님이라는 이름으로 이 프로그램에 참가했지만,
내가 애들에게 줄 수 있는 것은 그들의 이야기를 잘 들어주고,
그들의 미션을 잘 수행할 수 있도록 촉진제 역할을 하는 것이었다.
- 2014년 4월 7일, 저자 SNS 글 중에서

서울에 '피크닉'이라는 곳에서 하는 한 전시를 보러 갔다. 전시 이름은 '우에다 쇼지의 모래극장'이었다.

1913년생, 돗토리현에서 태어난 미술을 좋아했던 소년. 그는 열여섯 살에 선물 받은 카메라로 습작을 찍으며 예술가의 꿈을 키웠다. 그리고 100년이 지나고 나서도 예술가로 기억되는 사람이 되었다. 자신만의 표현 방식을 찾기 위해 고심을 거듭했던 이, 그는 끊임없이 사진을 찍었고 예술을 해나갔다.

1983년 그의 나이 70살에 가장 든든한 후원자이자 응원자, 모델이었던 아내를 잃는다. 얼마나 힘이 들었을까. 깊은 상

실감에 빠진 그는 더 이상 사진을 찍어야 할 이유를 찾지 못했던 것 같다. 둘째 미츠루가 그런 아버지를 걱정해 다시 사진을 찍을 수 있는 기회를 선물한다. 패션 브랜드의 화보 촬영이었던 것이다. 20대에 데뷔해 30대에 전성기를 맞이하는 패션 사진가의 일반적인 행보와는 다르게 그는 70세에 신인 패션 사진가가 된다. 그리고 그의 도전은 80세를 훌쩍 넘길 때까지 계속된다.

일본을 대표하는 사진가로 존경받으면서 그는 스스로를 언제나 "시골에 사는 아마추어일 뿐"이라고 말했다. 자신이 좋아하는 것, 자신을 행복하게 하는 것, 기쁨을 주는 것에 몰입하는 아마추어의 특권을 누리며 그는 자신만의 여정과 모험을 해왔다. 그에게 돈과 명성은 부차적인 것일 뿐이었다.

자신의 일을 좋아하는 것으로 해야 할지, 잘하는 것으로 해야 할지 고민을 할 때가 있다. 구본형 선생님의 표현을 빌리면 밥과 존재 사이에서의 갈등이다. 밥이 충족되면 존재가 허하고, 존재가 충만하면 밥을 굶는 이 상황은 일을 하는 이에게 있어 동반되는 숙명적 갈등이다.

　밥과 존재를 통합해 나가는 과정에 있어 정답은 없다. 각자에게 해답이 있을 뿐이다. 우에다 쇼지는 동시에 해 나갔다. 자신이 태어난 돗토리현의 생가에서 사진관을 만들어 생업으로 살아왔다. 굶어 죽을 일 없는 안정성을 확보해 나가면서 사진에 대한 집착을 놓치지 않았다. 그리고 자신의 예술을 세상에 보여주었다.

　도쿄보다 돗토리, 프로보다 아마추어를 선택한 그는 그렇게 위대한 아마추어가 되었다. 많은 이들이 뚜렷한 목적의식 없이 달려 나가는 흐름 속에서 자신만의 이유와 기쁨을 끊임없이 탐구했던 위대한 아마추어 우에다 쇼지. 그는 매우 행복했을 것 같다.

　그리고 MBC 음악예능 프로그램 복면가왕에 나왔던 또 한 명의 아티스트이자 아마추어가 생각났다. 그녀는 터치드의 보컬 윤민이었다. 9연승을 한 가왕의 마지막 무대에서 그는 이승철의 '아마추어'를 불렀다.

　"아직 모르는 게 많아. 내세울 것 없는 실수투성이. 아직 넘어야 할 산은 많지만 그냥 즐기는 거야. 아무도 가르쳐주지 않기에, 모두가 처음 서 보기 때문에. 우리는 세상이란 무대에선 모두 다 같은 아마추어야."

　모두가 처음 서 보는 세상이란 무대에선 모두 다 같은 아마추어다. 그리고 자신만의 예술을 해나가는 아티스트이다. 나는 어떤 이야기를 품고 있으며, 세상을 향해 어떤 이야기를 전달하고 싶은지 스스로에게 묻는다. 그 물음이 때로는 고통스럽고 막막할 수도 있지만 해답을 향한 발걸음을 자연스레 내딛게 해 주리라 믿는다. 그냥 즐기는 거야.

21. 배워서 나 주고, 남 주기

맑은 날이 있으면 흐린 날이 있다.
흐린 날이 있으면 맑은 날이 있다.
그날들 모두가 나의 인생이며 나의 역사이며, 현재다.
- 구본형

삶이라는 여정을 걷다보면 '배움'이라는 선물을 받을 때가 있다. 이 배움은 스스로의 변화와 성장에 도움이 된다. 그리고 배움을 주도적으로 해야 할 때가 있다. 무언가에 어려움을 느낄 때, 막막함을 느낄 때 배움이 필요하다. 이렇듯 배움은 주어지는 것이기도 하지만 능동적으로 얻어야 하는 것이기도 하다.

내게 필요하지만 결핍된 것을 채우는 것도 배움이며, 잘하는 것을 더 잘하게 만드는 것도 배움이다. 배워서 남을 주기 이전에 나에게 먼저 줘야 한다. 물론 남에게 전달하면서 얻어지는 경험과 깨달음도 있지만 그 전에 스스로가 채워졌을 때 진정으로 다른 이에게 가치 있는 무언가를 전달할 수 있다. 배움을 통해서 잃어버렸던 관심과 호기심을 되찾을 수도 있고, 그늘 속에 놓여 있던 강점을 다시 햇빛으로 이끌어올 수 있다.

그렇다면 무엇을 배워야 하는가? 그것은 사람마다 다르다. 크게는 2가지다. 첫 번째는 지금 내가 가지고 있는 문제와 고민을 해결할 수 있는 것을 배우는 것이다. 말하기 두려움을 가지고 있는 사람이라면 발표 불안을 극복해줄 수 있는 책, 유튜브, 블로그, 브런치, 강의나 워크숍 등에 참여하는 것이다. 고민과 관련한 콘텐츠를 보고, 읽고, 듣고, 쓰고, 말하는 과정을 하다보면 이 문제를 해결할 수 있는 힘이 생긴다.

두 번째는 내가 잘하는 일을 더 빛나게 해줄 수 있는 걸 배우는 것이다. 재능과 강점이 있는 일을 그 분야의 전문가와 대가들에게 배우다 보면 우선 재밌다. 사람은 잘하게 되면 그 일에 자연스레 재미가 붙기 마련이다. 점점 잘하게 되면 자연스레 성취 경험과 성공 경험이 따라온다.

대학교 시절에 '발표'를 잘해서 교내 프레젠테이션 대회에 참여를 한 적이 있다. 준비한 이야기를 구성하는 일과 그것을 잘 전달하는 일 자체가 떨렸지만 재미있었다. 계속해서 프레젠테이션을 하게 되었고, 이는 매년 스피치 대회, 이야기 대회,

강연 대회를 나가게끔 만들었다. 교내 대회를 넘어서 부산시에서 열리는 모의면접 대회를 나갔고, 나아가서는 전국 단위의 대회도 나가게 됐다.

그리고 빠지지 않았던 것이 전문가들에게 '말하기'와 '프레젠테이션'에 대해서 배우는 일이었다. 시도를 통해서 직접 경험에서 배우고, 전문가와 대가들에게 간접 배움을 함으로써 실력이 계속 늘었다. 이렇듯 경험 배움은 우리의 잠재된 역량을 끌어올리게 된다. 전국 이야기 대회에서 처음에는 서류탈락을 하기도 했지만, 하다 보니 실력이 늘어서 1차까지 붙고 결국에는 파이널까지 가서 3위를 하게 되었다. 시도를 통한 직접 경험, 전문가들에게 배우는 일을, 즉 경험 배움을 꾸준히 하다보면 성과는 자연스레 따라오게 된다.

그리고 클래스101, 클래스유, 숨고, 탈잉 등 여러 플랫폼을 통해서 나의 콘텐츠로 사람들에게 강의를 할 수 있다. 내가 배웠던 경험들을 정리하고, 강의를 구성하다보면 이 과정 자체에서 또 배우게 된다. 즉 배워서 남을 주다보면 이 또한 배움이 되는 것이다.

내가 어떻게 다른 사람들에게 강의를 할 수 있을까 라고 생각하는 건 자연스러운 일이다. 한 번도 해보지 않은 일은 부담스럽고 두려운 마음이 들 수밖에 없다. 시도를 통한 직접 경험, 전문가와 대가들에게 배우는 간접 경험을 하다보면 자연스레 근육이 붙고 이 근육은 누군가에게 가치 있는 걸 전달할 수 있는 용기를 가지게 해줄 것이다.

우선은 무료 혹은 약간의 비용으로 배울 수 있는 곳에서 강의를 들어보자. 여러 플랫폼에서 들었지만 그 중에서 괜찮았던 플랫폼을 몇 군데 추천한다면,

- 서울시민대학 학습장
    https://sll.seoul.go.kr/main/MainView.do

- 수원시 글로벌 평생학습관
    https://learning.suwon.go.kr/lmth/01_lecture01.asp

- 용인시 평생학습관
    https://lll.yongin.go.kr/yongin/irrgEdu/list.do?gbn=1&seq=23

- 각 지역의 도서관 교육 프로그램

- 청년들을 위한 플랫폼: 서울청년포털

  https://youth.seoul.go.kr/infoData/sprtInfo/list.do?key=2309130006

- 중장년층을 위한 플랫폼: 서울시 50플러스포털

  https://50plus.or.kr/Educational_Information.do

- 여성새로일하기센터

  https://saeil.mogef.go.kr/hom/HOM_Main.do

이 외에도 여러 지역마다 구민, 시민을 위한 평생학습관과 도서관에서 만든 교육 프로그램을 찾아보거나 청년, 중장년, 여성을 위해 만들어진 포털과 센터 홈페이지를 들어가 보면 여러 좋은 교육들이 있다.

피터 드러커는 말했다. lifelonglerning makes people young. 배움을 통해서 우리는 스스로 잠재된 힘을 발견하게 되고, 이는 자기모험을 자기답게 나아갈 수 있는 에너지를 줄 것이다.

✓ 자기모험 체크리스트 8   Check List

"내가 배우고 싶은 것은 무엇인가?"

자기모험: 내가 배우고 싶은 것 알아보기

- 눈을 반짝반짝 빛내면서 배우고 싶은 건 무엇인가? 계속해서 눈길이 가고, 관심이 가고 더 알고 싶은 주제는 무엇인가?

    1.
    2.
    3.

- 사람들에게 배움을 선물하고 싶은 주제는 무엇인가? 어떤 것을 사람들에게 알려주고 싶은가? 책으로 쓰고 싶은 주제는 무엇인가?

    1.
    2.
    3.

22. 여정이 그 보상이다

"지금을 축복이라고 여기자. 비가 오면 비를 맞고 해가 나면 햇빛 속을 걸으며 여기에 깊은 교훈이 있다고 생각하자. 그때 그 순간을 깊이 들이마시고 뼛속까지 취하게 하라. 지금을 축복해주지 못하면 인생은 구질해지게 마련이다. 많이 웃고, 많이 감탄하라. 지금을 축복하는 능력, 그것이 바로 행복이다."
- 구본형

예전에 어느 외국어고등학교에 3시간 강의를 하러 갔다. 1차시를 하고 저녁을 먹은 후, 나머지 강의를 하는 구성이었다. 저녁시간을 가지고 2차시 수업을 하러 다시 교실로 왔을 때 한 학생이 이렇게 칠판에 적어놓았다.

"여정이 그 보상이다."
"The journey is the reward."
스티브 잡스의 말이었다.

"그 여정이 바로 보상이다." 단순한 말이었지만, 이 문장이

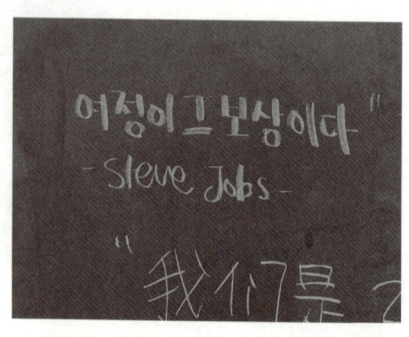

 지닌 신념과 가치가 너무 와 닿아서 사진을 찍었다. 그리고 뒤통수를 한대 얻어맞은 듯했다. 무언가를 이루어내는 것도 중요하고, 성취와 성공, 성장을 향해 달려가 결과를 내는 것도 중요하지만 그 과정 자체만으로 충분히 값지다는 걸 이 문장이 내게 이야기해 주었다. 때로는 이것을 잊고 결과만을 향해 숨 가쁘게 달렸던 과거의 내가, 그리고 지금의 내 모습이 떠올랐다.

 물론 숨 가쁘게 달리고, 목표를 이루기 위해 치열하게 고민하고 이뤄내는 것 또한 값진 가치이다. 하지만 그 선을 과도하게 넘다 보면 어느 순간 진정으로 중요한 것들을 놓칠 때가 있다. 내가 가지고 있었던 가치들, 주변의 소중한 사람들, 나의 건강 등 말이다. 그 여정이 고통스러운 순간들만 있다면, 결과를 위한 수단일 뿐이라면 우리는 시들어갈지도 모른다. 그렇기에 우리에게 중요한 질문은 크게 3가지를 던져야 한다.

- 나는 어떠한 길을 걷고 싶은가?
- 이 길을 걷는 사람인 나는 누구인가? 어떠한 사람이었으면 하는가?
- 지금 내게 중요한 것들은 무엇이며, 그것을 위해 오늘 무엇을 하고 있는가?

아마도 내가 계획한 대로 의도한 대로 삶을 그대로 사는 사람은 없을 것이다. 어떠한 길이 우연한 길로 들어서게 했고, 그 속에서 만난 사람들과 함께 삶을 꾸려나가는 건 자연스럽다. 계획은 중요하지 않더라도 계획을 하는 행위 자체는 중요하다. 그것은 우리에게 힘을 주기에.

한 친구가 우연히 저녁시간에 적어준 문장이 좋은 에너지와 영감을 선물해 줬다. 다시 한 번 되뇌어 본다. "여정이 그 보상이다." 그 시간들 자체가 보물이 아닐까. 자기를 이해하고, 스스로를 잘 돌보고, 뜻이 맞는 사람들과 함께 떠나는 여정과 자기모험 자체가 보상이자 보물이다. 각자가 걸어가는 그 길에서 이미 보물을 가졌음을 기억하기를.

청소년 진로교육 강사는 내 여러 가지 직업 중 하나일 것이다. 청소년 진로교육 업계에서의 송해가 내 꿈이다. 100살까지 이 일을 하고 싶다. 그 여정 자체가 보물이며 보상이 아닐까.

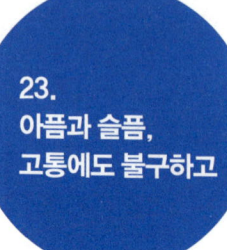

23.
아픔과 슬픔,
고통에도 불구하고

> 그 누구보다도 면접준비를 열심히 했습니다.
> 덕분에 너무 어려웠던 1차면접도 통과할 수 있었고,
> 최종면접인 4단계 인성면접의 최후 6인까지 들 수 있었습니다.
> 특히 대표이사님의 면접도 통과를 하면서
> 제 꿈에 대한 확신과 가능성을 알게 되었습니다.
> - 2014년 7월 3일, 저자 SNS 글 중에서

어느 일요일, 마포구청역 부근에 읽기의 집에서 '나, 프레즌스'라는 모임이 있었다. 코칭 모임도 아니고, 독서 모임도 아닌 절묘한 모임이었다. 말로 설명하기 힘든 묘한 힘이 있는 모임이다. 닉네임으로 서로를 부르기에 서로의 이름도 모르고 직업도 모르는 10명 남짓한 인원들이 모여서 2시간 동안 이야기를 나눈다. 이번 이야기의 주제는 '온전함'이었다. 그리고 한 해를 되짚어 보는 시간을 가졌다.

나,프 모임의 그라운드룰에 이미 '온전함'이 있었다. 여기서 말하는 온전함은 '나로 존재함', '함께함', '있는 그대로'였

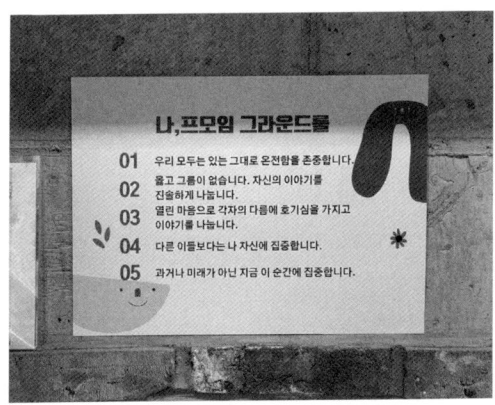

다. 그리고 '사랑'이었다. 어떠한 아픔과 슬픔이 우리 삶을 관통하더라도, 고통과 시련이 일상 속에서 펼쳐지더라도 그럼에도 불구하고 사랑하는 것이 '온전함'이다. 내게 있어서 온전함은 편안함과 따뜻함이다. 우리 삶에서 펼쳐지는 고통을 사랑할 수는 없더라도 고통받고 있는 나 자신은 돌봐주는 것, 사랑해 주는 것이 온전함이다. 스스로를 사랑할 수 없을 때조차 껴안아주는 것이 온전함이다.

2021년 광복절날 편의점으로 야식을 사러 간 나는 발등 골절을 당했다. 철심을 박고 한 달 동안은 꼼짝하지 못했다. 잡혀있던 오프라인 강의와 코칭은 다 취소되었다. 하루에 만보 이상 걷던 활동적인 나였기에 아무것도 못하게 되니 절망적이었다. 혹시나 다시는 걷게 되지는 못하면 어쩌나 하는 불안이 일어났다. 그때 스스로를 사랑할 수 없었다. 하지만 주변의 소중한 이들은 나를 사랑해 주고 돌봐주었다. 멀리서 병원까지 데려다준 작은 누나, 매형, 조카들, 작은누나네 고양이 구르미, 그리고 그 당시의 여자친구는 나를 돌봐주었다. 많은 기프티콘을 소중한 이들에게 받았고, 안부전화와 카톡 등 여러 사람에게 연락을 받았다. 아무것도 못하는 나를 사랑으로 대해준 덕분에 나는 다시 서서히 일어설 수 있었다. 그때부터 할 수 있는 것들을 찾아보았다.

다리가 부러졌어도 온라인으로 무언가를 할 수는 있었다. 그때 마침 파트너 회사에서 온라인 코칭 프로그램 진행이 들어왔고, 부러진 다리를 의자에 올리며 일을 했다. "코칭'이라는 일을 참 좋아하는구나" 그때 다시금 알았다. 그리고 목발을 짚고 조금 움직일 수 있게 된 나는 강연 콘테스트라는 강연 대회를 참여했다. 본선 대회장으로 느리게 가는 스스로를 보며 "강연'이라는 일을 참 좋아하는구나" 또 느꼈다. 그리고 좋아하는 책들을 읽었다. 한정적이지만 무언가를 할 수 있고, 선택할 수 있는 자유가 아직 있었다.

고통은 우리에게 소중한 것과 중요한 것들을 알려주는 것이기도 하다. 바쁘게 지내다 놓치고 있었던 것들을 고요하게 바라볼 수 있는 시간을 선물해 준다. 가수 조용필이 부른 노래이자 홍이삭이 커버한 〈바람의 노래〉에서는 이런 가사가 있다.

"보다 많은 실패와 고뇌의 시간이 비켜갈 수 없다는 걸 우린 깨달았네. 이제 그 해답이 사랑이라면 나는 이 세상 모든 것들을 사랑하겠네."

앞으로의 삶에서 어떤 아픔과 슬픔, 시련과 절망이 있을지는 모르겠으나 그럼에도 불구하고 고통스러워하는 나를 앞으로도 계속 사랑할 것이다. '온전함'으로 존재할 것이다. 스스로 사랑할 수 없을 땐 소중한 이들에게 의지하며 도움을 받으며 사랑할 것이다. Love wins all! 나아감과 멈춤, 다시 일어섬을 반복하는 우리의 '자기모험'에서 '사랑'을 잃지 않기를. 스스로를 사랑하고 다른 사람들에게 사랑을 줄 수 있는 존재가 될 수 있기를.

24. 끝은 시작이다: 시작은 창대하지만, 끝이 미약하다면

> 길이 끊어진 곳에는 늘 다른 길이 있게 마련이다.
> 길이 끊겼다는 당황스러움과 되돌아가야 한다는 머뭇거림이
> 새로운 길을 만들어내게 한다. 역시 길은 있었다.
> - 구본형, 《떠남과 만남》 중에서

바다의 끝은 육지의 시작이고, 육지의 끝은 바다의 시작이다. 시작에는 끝이 있으며, 끝에는 시작도 있다. 분명한 건 시작을 위해서는 무언가를 끝을 내야 한다는 것이다. 직장인에서 작가로의 변화를 꿈꾸고 있는 사람은 글을 쓰기 위한 시간을 확보해야 한다. 습관처럼 써왔던 시간들과 작별할 줄 알아야 글쓰기의 시작을 할 수 있다. 스마트폰만 들여다보며 저녁 시간을 보내는 사람에서 글 쓰는 사람으로의 전환의 시작에는 '끝'이 필요하다.

'당신은 무엇을 시작하고 싶은가'라는 질문을 다르게 말하

면 '무엇을 끝내고 싶은가'와 같다. 여러분은 어떠한 시작을 하고 싶은가. 무엇과 결별하고 싶은가. 그 시작을 위해서 끝낼 준비가 되었는가. 마음이 다 잡히지 않았더라도 무작정 시작해보는 것도 좋은 방법이 될 수 있다. 완벽한 타이밍이라는 건 없으니까. 모든 사람이 지지해주고, 응원해주며 시작하기 좋은 환경과 조건이 딱 맞는 시점은 존재하지 않는다. 중요한 것은 끝을 내겠다는 의지와 시작할 용기다.

하지만 '시작은 미약하지만 끝은 창대하리라'와 정반대로 되고 있다면, 즉 '시작은 창대하지만 끝은 미약한' 상황이 계속 반복되고 있다면 의지와 용기의 영역이 아닐 수 있다. 반복된 그 경험은 자신감과 자존감을 갉아먹을 수밖에 없다. 자기모험이 실패라고 여겨지는 순간들이 이렇게 여러 번 온다면 우리는 그 길을 계속해서 걸어가기 힘들 수밖에 없다. 자책하고 실망하며 '내가 그렇지 뭐'라는 생각이 반복된다면 어떻게 해야 할까.

이 악순환의 고리를 끊기 위해서는 자주 걸려 넘어지는 곳을 살펴봐야 한다. 계속해서 넘어지는 곳을 안다면 굳이 그쪽을 향해서 걸어가야 할까? 길을 다른 쪽으로 가거나 안내판을 만들어서 표시를 해놓거나 울타리를 쳐놓는다면 더 이상 그 자리에서 넘어질 이유도 없을 것이다. 끝내기 위해서는 자주 걸려 넘어지는 곳에 대한 인식과 이를 바꿀 내게 유리한 환경 설정이 필요하다. 그리고 그 환경에서 작은 성취 경험과 성공 경험을 해낸다면 조금씩 자신감이 붙는다.

이는 정체성과도 연결된다. 일상에서 어떠한 행동을 반복적으로 하느냐에 따라서 정체성은 달라진다. 아침에 일어나서 3줄이라도 글을 쓰는 사람은 '아침에 글을 쓰는 사람'이라는 정체성이 생긴다. 한 달, 세 달, 반년, 1년 시간이 지날수록 그 정체성은 점점 커지며 그 자체가 에너지가 된다. 이 에너지는 3줄을 쓰는 사람에서 3장 쓰는 사람으로, 3 챕터를 완성하는 사람으로의 자기 모험을 이끌 동력이 될 것이다.

만족스러운 끝을 내지 못한 시작이 여러 번이더라도, 아무런 시작을 하지 않는 이보다는 '근육'이 많이 붙었으리라. 또 그 시작이 이끈 끝이 또 다른 시작으로 이끌 수 있다. 끝은 시작을 불러일으키는 마법을 지녔으니까. 내가 결별하고 싶은 것은 무엇인가. 그리고 그 끝을 위해 무엇을 시작하고 싶은가. 이 질문에 대한 발걸음은 여러분을 모험으로 인도할 것이다.

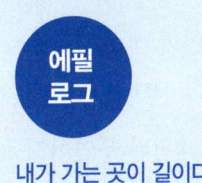

내가 가는 곳이 길이다

　∴　우리 모두 인생이라는 길 위에 서 있는 사람이다. 진로는 내가 앞으로 나아갈 길이다. 그러니 누구에게나 진로가 있다. 내가 가는 곳이 곧 길이기 때문이다. 그 길에서 여러 사람들을 만나고, 여러 경험들을 하게 된다. 그리고 내가 누구인지 점점 알게 된다. 내가 나아가고 싶은 길이 흐릿함에서 선명함으로 바뀌기도 한다. 이 모든 것이 계획된 것이라기보다는 우연에 가깝다. 우리 인생은 어디로 흘러갈지 나 자신도 파악하기 힘든 경우가 많다.

　스탠퍼드 대학의 존 크롬볼츠 박사의 사회학습 이론 중 '계획된 우연'이라는 개념이 등장한다. 삶에서 우연히 만나게 되는 여러 사건들이 진로에 영향을 끼친다는 이론이다. 우리가 만나게 되는 사람과 사건이 자연스럽게 우리의 진로에 영향을 미치고, 진로를 만들어 간다는 뜻이다.

　즉, 우리가 가는 곳이 곧 우리의 길이 되고, 우리의 진로로 이어지게 된다. 우연한 사건을 인지하고, 해석하고, 의미를 부여하고, 어떤 행동을 할 수 있는지는 개인들이 선택할 수 있기에 '우연함'을 잘 활용할 수 있어야 한다. 이 계획된 우연이 우리의 모험을 시작하게 만든다. 그 모험이 내가 누구인지를 알려주며 계속해서 나아갈 수 있게 해준다.

　진로는 미래인 동시에 '오늘'이다. 결국 미래를 만드는 것은 오늘이다. 지금의 내가 어떠한 것을 바라보는지, 어떠한 길로 나아가는지에 따라서 진로는 만들어지며 결정된다. 나의 오늘은 어떠한가. 내가 지금 가장 많이 이야기를 나누고, 교류하고 있는 사람들은 어떠한 사람들인가? 오늘 주로 했던 생각과 행동과 일은 무엇인가. 그것이 진로를 만들어 나간다.

　일상이 모여서 일생이 된다. 일상과 일상이 만나면 이상이 된다. 단 한 번의 삶에서 어떠한 길을 걸을 것인가는 여러 우연한 사건이 큰 영향을 끼치기도 하지만, 결국 그 길을 걷는 사람은 나다. 그렇기에 나를 들여다보는 것은 여전히 중요하다. 어떠한 길을 걷고 싶은지 알기 위해서는 나를 알아야 한다. 그리고 그 길에 들어서면 자기모험을 시작하게 된다. 자기모험을 하는 도중에 '두려움'이라는 괴물뿐 아니라 여러 시련과 역경을 겪을 수밖에 없다. 그 과정에서 점점 자기를 더 알아나가며, 여러 우연한 사건을 통해서 자신의 길이 무엇인지

점차적으로 깨닫게 된다. 값진 보물을 얻게 된다. 그리고 이내 자기가 떠났던 곳으로 다시 돌아온다.

모든 여행은 떠남과 만남이 있으며 돌아옴이 있다. 우리 진로 역시도 마찬가지다. 어디론가 떠나지만, 다시 돌아온다. 그 과정이 우리의 여정이자 진로다. 그리고 동시에 우리의 '오늘'이다. 오늘의 연속이 우리의 여정을 만든다. 나를 들여다보고, 세상을 바라보며 세상과 나의 연결점을 자기모험을 통해서 찾아나가며 스스로에 대해서 알게 되며 내 삶의 존재 이유를 깨닫게 되는 것이 진로다. 당신의 진로는 어떠한가. 그 이야기가 궁금하다. 여러 길목에서 만나게 될 때 서로의 이야기를 들려주었으면 한다.

추천의 글 2

나다운 삶을 모색할 때 읽어야 할 책
- 강동훈(서점 크레타 책방지기)

진로를 고민해 본 사람이라면, 이 책에서 반드시 한 줄의 위로와 한 자락의 용기를 발견하게 될 것이다. 저자는 오랜 시간 진로교육과 코칭의 현장에서 진심을 다해 사람들의 '나다운 삶'을 함께 모색해온 사람이다. 그 긴 여정의 기록이자 응답이 이 책 안에 있다. 흔들리며 방향을 찾는 과정 자체가 이미 귀한 여정이라는 것을, 삶은 그렇게 단단해진다고 이 책은 말한다. 진로 앞에서 망설이는 이들, 자기다운 길을 찾고 싶은 모든 이에게 이 책을 건넨다. 이 책이 당신의 작은 나침반이 되기를 바란다. 흔들려도 괜찮다는 믿음을 남기는 책이 되기를.

추천의 글 3

청소년·청년들의 긍정적이고 도전적인 삶을 제시하는 책
– 안광배(진로 에듀테크 기업 캠토 대표)

호랑이 기운이 느껴지는 김범준 작가님을 볼 때마다 우리 청소년들과 청년들이 김범준 작가님처럼 긍정적이고 도전적인 삶을 살아갈 수 있다면 얼마나 좋을까 하는 생각을 늘 해왔습니다.

그렇기 때문에 이번 《나침반은 흔들리며 방향을 잡아나간다》의 출간 소식은 너무나도 반가운 소식이었기에 추천사 부탁을 받았을 때 주저 없이 수락할 수 있었습니다.

저 또한 15년간 진로교육 기업을 창업하고 운영해 온 진로교육 사업가로서, 우리 미래세대들에게 진로고민이 얼마나 중요한 성장의 밑거름인지 잘 알고 있기 때문에 이런 진로 관련 서적이 더욱더 많이 나와 사회적으로 새로운 growth culture가 만들어지길 바라고 있습니다.

자신에 대한 올바른 이해와 사회 구성원으로서의 가치 있는 역할 그리고 미래 변화에 대해 주도적으로 대처할 수 있는 사람이 되기 위해서는 수만 번 흔들리며 앞으로 나아가야 목표에 다다를 수 있습니다.

흔들리는 것을 두려워하지 마세요. 흔들리는 그 순간에도 우리는 조금씩 미래를 향해 앞으로 나아가고 있다는 것을 잊지 마시고요.
이 책을 통해 잠시 잊어왔던 자신의 꿈과 미래를 꼭 찾을 수 있기를 기원하겠습니다.

추천의 글 4

방향을 잃은 청춘들의 정직하고도 다정한 진로안내서
– 장재열(상담가 겸 작가, 《마이크로 리추얼》, 《리커넥트》 저자)

처음 김범준 작가를 만난 건 몇 해 전, 청년들의 깊은 고민을 함께 듣던 자리였습니다. 그 후로 오랜 시간 지켜보며 그가 던지는 질문들, 삶을 통과하는 태도, 그리고 사람을 향한 마음은 언제나 흔들림이 없다는걸, 늘 누군가의 삶이 자신만의 방향으로 향하길 바라는 마음은 진심이라는 걸 마음 깊이 믿게 되었습니다.

《나침반은 흔들리며 방향을 잡아나간다》는 단순한 진로서가 아닙니다. 이 책은 삶의 갈피에서 스스로를 바라보게 하고, '나다움'이라는 깊은 주제로 이끄는 자기탐색의 여정입니다.

상담 현장에서 12년간 4만 4천여 명을 만나며 제가 가장 절실히 느꼈던 것은, 방향을 잃은 마음들이 자신의 중심을 다시 찾을 수 있는 '정직하고도 다정한 안내서'가 필요하다는 것이었습니다. 이 책이 바로 그 역할을 해줄 수 있으리라 믿습니다.

　흔들림 속에서도 나침반은 방향을 잡습니다. 그 흔들림은 아픔이 아닌 과정이자 성장 그 자체이지요. 이 책을 통해 당신도 당신만의 흔들림을 자책 없이, 건강하게 수용하고 끝내 길을 다시 발견하길 바랍니다.

the cave you fear to enter
holds the treasure you seek.

당신이 들어가기 무서워하는 동굴 속에
당신이 찾는 보물이 있다.

— 신화학자 조셉 캠벨

언제나 내가 아닌 다른 무엇이 되고 싶었던 것 같다.
하지만 나는 이제 내가 되고 싶다.
일상을 살아가면서 늘 더 좋은 존재가 될 수 있으며,
늘 더 좋은 방법이 있다고 믿는 것이다.
그리고 항상 지금의 자기 자신보다 나아지려고 애쓰다 보면,
나는 언젠가 나를 아주 좋아하게 될 것이다.

— 변화경영사상가 구본형

나침반은 흔들리며 방향을 잡아나간다

지은이 · 김범준
펴낸곳 · 마인드큐브
펴낸이 · 이상용
책임편집 · 맹한승
디자인 · 정태성(투에스북디자인)
기획 · 피리침

출판등록 · 제2018-000063호
이메일 · eclio21@naver.com
전화 · 031-945-8086   **팩스** · 031-945-8087

초판 1쇄 발행 · 2025년 6월 30일

ISBN 979-11-88434-89-3   03320
값 20,000원

- 잘못 만들어진 책은 바꾸어 드립니다.
- 이 책은 저작권법에 따라 보호받는 저작물이므로 무단전재외 무단복제를 금합니다.
- 이 책의 일부 또는 전부를 이용하려면 반드시 저자와 마인드큐브의 동의를 받아야 합니다.